回味無窮

香港百年美食佳餚

———

鄭寶鴻　著

商務印書館

回味無窮——香港百年美食佳餚

作　　者：鄭寶鴻

責任編輯：張宇程

美術設計：趙穎珊

出　　版：商務印書館（香港）有限公司
　　　　　香港筲箕灣耀興道 3 號東滙廣場 8 樓
　　　　　http://www.commercialpress.com.hk

發　　行：香港聯合書刊物流有限公司
　　　　　香港新界荃灣德士古道 220–248 號荃灣工業中心 16 樓

印　　刷：中華商務彩色印刷有限公司
　　　　　香港新界大埔汀麗路 36 號中華商務印刷大廈 3 字樓

版　　次：2022 年 6 月第 1 版第 1 次印刷
　　　　　© 2022 商務印書館（香港）有限公司
　　　　　ISBN 978 962 07 5901 7
　　　　　Printed in Hong Kong

前言

一

　　1950 年代，筆者父親不時帶齊「一家大細」，往各茶樓、茶居品嚐「三茶兩飯」，包括作為早餐的「飲早茶」、「中午飯」、「下午茶」、「晚飯」，以及輕鬆悠閒的「夜茶」，每一頓「飲飲食食」，內心都有不同的滿足感覺。

　　「大吃大喝」的茶樓茶居，有包括位於擺花街及附近的嶺南、萬國、貴如、義芳、牛記、寶賓，以及位於皇后大道的得雲、日南及富隆等。

　　當時因經濟條件所限，吃到的點心及小菜飯麵都經過精打細算，僅堪裹腹，但總感到無限的溫馨和幸福。

　　以往去「飲酒」（赴宴）是隆重的盛事，多為親戚長輩的壽筵，由包辦筵席館到會，每一款餚菜皆令人感到是珍饈佳餚。最隆重的一次，是出席在英京酒家舉辦的婚宴，筆者第一次感受到豪華的氣派，一如電影所見的場面。

▼ 位於皇后大道中 176 號（左）與威靈頓街（右）交界的何東行，約 1930 年。

Ho Tung House, at the intersection of 176 Queen's Road Central (left) and Wellington Street (right), c. 1930.

約 1925 年，由威靈頓街東望皇后大道中。左邊為皇后大道中 187 號與文咸東街交界的老牌得雲茶樓。右邊為由五號警署及水車館（消防局）於 1922 年他遷後，經改裝而開業的一笑樓茶樓酒家及餐廳，每天以茶麵美點、中西菜式及餅食應客。該建築物於 1928 年改建為最早設有樓上商場的何東行。其左鄰 172 號第一代先施公司所在的樓宇現仍存在。（圖片由巫羽階先生提供。）

Queen's Road Central, looking east from Wellington Street, c. 1925. Tak Wan Teahouse is on the left. Yat Siu Lau Restaurant and Bakery, modified from No. 5 Police Station and Fire Brigade, is on the right. The building was rebuilt in 1928 to Ho Tung House with a shopping arcade on the first floor. The building on its left where the first generation Sincere Company was situated is still exist.

由威靈頓街東望皇后大道中，約 1950 年。左方可見位於皇后大道中 187 號的得雲茶樓，以及位於 181 號的恒生銀號（現恒生銀行）。右方的何東行樓下、大豐金舖東鄰是謝潤記小食店。（圖片由巫羽階先生提供。）

Queen's Road Central, looking east from Wellington Street, c. 1950. Tak Wan Teahouse on 187 Queen's Road and Hang Seng Bank on 181 of the same street, are on the left. Tse Yun Kee snack shop, situated on the ground floor of Ho Tung House, is on the right.

位於文咸東街 1 號的得雲茶樓舖面，約 1985 年。右邊是售賣老婆餅的櫃枱。

Shop front of Tak Wan Teahouse, on 1 Bonham Strand East, c. 1985.

在灣仔雙喜茶樓享受一盅兩件的茶客，約 1985 年。

Customers in Sheung Hei Tea House, Wan Chai, c. 1985.

▶ 鏞記酒家的「美味求真，古譜重溫」推廣函件，1995 年。

Nostalgic dishes promotion leaflet of Yung Kee Restaurant, 1995.

 Yung Kee Restaurant Group Ltd.
G/F·5/F., YUNG KEE BUILDING,
32-40, WELLINGTON STREET, HONG KONG.
TEL. 2522 1624   2522 3312   FAX. 2840 0888

敬啟者

美味求真　古譜重溫

　　飲食文化，淵博浩瀚。香江美食，綠葉牡丹。鏞記宗旨一貫以客為先，古譜新餚亦皆承先啟後。今弘揚香江四五十年代佳餚，吾人未敢自珍，特修輯懷舊菜譜，去蕪求菁，謹訂九五年八月十日至九月九日，于本酒家三樓舉辦『美味求真』月。昔歲酒席名菜，嚮局小點，今遵古泡製，獻現尊前。

　　歷年尊貴春顧敝店，不勝感激。今古譜重溫，既具樸樸古風，亦睹時尚新貌。特向　閣下首報，祈為光臨指導，以增光寵。

此致
鄭寶鴻先生

鏞記酒家集團有限公司

訂座電話：2522 1624

踏入社會後，筆者有機會出席大小酬酢宴會，大快朵頤，再進一步是在部分商行大班的私邸，以及銀行會所的食堂，得嚐味道雋永的私房菜。

外勤工作吃午飯，多光顧各大小茶樓、茶室、小館以至大牌檔，風味各有不同，由茶樓酒家的雙髀飯、炒牛河，以至大牌檔的牛腩伊麵、雲吞麵、魚蛋、牛丸粉等，皆為美妙的享受。最寫意是與好友在大牌檔「淺斟低酌，有骨落地」。

公司或家庭飯餐，每逢有「加料」需要時，多往各燒臘店「斬料」，最普遍的是燒肉、叉燒或鵝鴨，常光顧的是中環的楚記、金菊園、華豐、金陵，以及旺角的永合隆，部分店舖不時大排長龍。

華豐等燒臘店亦會製作五月糭及月餅應客，因為產量有限，均被視為佳品。記得筆者母親於早期亦會「開油鑊」炸煎堆、油角和製作年糕，後來才改為購買。為了送禮和舉家享用，母親亦會供一份月餅會，月供 3 元，一年後可得十盒月餅。持「存摺」往供餅會的責任多落在筆者身上，光顧得最多的是上環的添男、雲香及西營盤的正心茶樓。父親亦會偶爾在茶樓購買「白綾酥」及「紅綾酥」等「嫁女餅」(結婚禮餅) 作點心或甜品。

年近歲晚，母親會「落欄」，往西營盤「鹹魚欄」(德輔道西，現海味街) 採購海味、臘味、鹹魚和齋菜等，以準備歲晚及新春的餸菜。直到現時，每逢農曆年底，該一帶皆湧現大量顧客，十分旺場。

▲ 由中環街市西望皇后大道中，約 1958 年。左方為金菊園、廣州臘味家和新中土產食品公司。廣州臘味家的右鄰是金城酒家。正中為九龍醬園、華生及天香茶莊，再隔鄰是蓮香茶樓。右方是合興號海味及陳春蘭茶莊。

Queen's Road Central, looking west from Central Market. Two famous roasted and preserved meat shops and a Chinese food shop are on the left. Golden City Restaurant is next to them. Two tea shops and a condiment shop are in the middle. Lin Heung Teahouse is next to them. Hop Hing Dried Seafood Shop and Chan Chun Lan Tea Shop are on the right.

◀ 位於依利近街的玉葉甜品及民園麵家大牌檔，2005 年。

Yuk Yip Dessert, and Man Yuen noodle Dai Pai Dong food stalls on Elgin Streel, 2005.

▲ 位於干諾道中西港城對開一座碼頭
內的食檔，約 1960 年。

Food stall in a pier on Connaught
Road Central, in front of Western
Market, c. 1960.

▼ 已遷往卑利街 15 號的第二代楚記燒臘
店，約 2006 年。

Chor Kee roasted and preserved meat
shop (second generation) on 15 Peel
Street, c. 2006.

五、六十年代，不論住戶、公司或店舖，皆會泡一壺茶以供飲用。中區居民多往購買茶葉的茶莊，有陳春蘭、華生、天香、英記及奇香村等，亦有多家位於上環及西營盤一帶。60 年代，筆者在高陞街一家南北行銀號，第一次品嚐到味道濃郁的潮州茶。

除茶葉莊外，當時兼營油鹽雜貨以至柴炭及火水的米舖，可謂五步一樓，十步一閣。家庭主婦往糴米時，會連同生油以及柴炭一起訂購，由店伴送上門。此現象一直維持至 1970 年代初超級市場趨於大眾化為止。

米舖以外，亦有酒舖、酒莊，供應名為「土炮」的多種米酒，不少兼售啤酒和汽水。至於稱為洋酒的拔蘭地、威士忌及砵酒等，一般於宴會上才可嚐到。早期流行的是斧頭嘜三星等。及至 60 年代社會變得較富裕，VSOP 以至 FOV 等酒才漸普遍。70 年代則以 XO 及 EXTRA 等表示豪氣和闊氣。

▼ 由威靈頓街上望嘉咸街的米店及雜貨店，約 1962 年。

Rice shops and groceries on Graham Street, looking up from Wellington Street, c. 1962.

▲ 位於皇后大道中的中環街市（右）附近的醬園、燒臘店、
海味店及茶葉莊，1961 年。

Condiment shops, roasted and preserved meat shops,
dried seafood shops and tea shops on Queen's Road
Central, near Central Market (right), 1961.

▼ 位於德輔道西 207 號的厚生酒莊，
約 1999 年。

Hau Sang Wine Shop on 207 Des
Voeux Road West, c. 1999.

位於威靈頓街 15 號的第二代樂香園咖啡室（「蛇竇」），2009 年。

The second generation Lok Heung Yuen Café on 15 Wellington Street, 2009.

每遇「身燒火㷫」或傷風感冒時，筆者多會飲一兩杯涼茶以治療。飲得最多的是王老吉及回春堂所供應的，間中亦會飲公利或賓記的竹蔗水或蔗汁以作滋潤。

至於街檔及店舖的甜品，如綠豆沙、芝麻糊、豆腐花以至湯丸等，百吃不厭；條件寬裕時則會品嚐綠豆清心丸或桑寄生蛋茶。

筆者孩提時，已被雪糕單車所吸引，無論雪條或蓮花杯皆視為極品。另一極品則為汽水。大同、屈臣、綠寶等牌子縈繞腦際。1958 年，一瓶「得寶可樂」，足夠幾兄弟姊妹一同品嚐，視作甘露。

兒時另一樂事，為在冰室享受刨冰和吃多士或「克戟」（hard cake），充滿新鮮感，其中一家士丹頓餐室的蓮子冰的美味至今尚未忘懷。俟後，陸續可享受到較高檔的西多士、鮑魚通心粉、雙皮奶以至火焰牛柳等。說來十分傳奇，筆者的第一杯西式飲品哈咕，是由青山禪院的當家師性高師公所「賜飲」的。

◀ 由皇后大道中上望雲咸街，
約 1956 年。右方為娛樂戲
院，左中部為同街 10 號的順
記雪糕店。

Wyndham Street, looking up
from Queen's Road Central,
c. 1956. King's Theatre
is on the right. Shun Kee
Ice Cream Shop is on the
middle left on 10 Wyndham
Street.

◀ 位於大角咀博文街福群樓的
紅寶石酒樓，1975 年。因大
角咀碼頭在附近，生意頗佳。

Ruby Restaurant on Pok
Man Street, Tai Kok Tsui,
near the ferry pier, 1975.

▲ 位於彌敦道重慶大廈的首都酒樓夜總會，約 1976 年。

Capital Restaurant and Night Club in Chung King Mansion, Nathan Road, c. 1976.

五、六十年代可吃到的糖果主要為果汁糖、椰子糖及朱古力等。上學前所吃的早餐不時為各種麵包，最經濟的是塗上煉奶或牛油的切片「枕頭」方包或車輪包。第一次吃到「救濟品」芝士片時，覺得味道頗怪但可口。

　　間中亦以餅乾作早餐，多為馬寶山、太平安樂園或嘉頓的出品。偶爾獲親朋餽贈印有名畫的外國雜餅，感到其佳味只有中秋月餅可比擬。

　　母親常往醬園士多選購各種醬料，包括海鮮醬、檸檬醬、酸梅醬以及腐乳等，用以調味甚至伴飯，在艱難的日子亦為佐膳的佳品。每年夏天，亦會用杬梅（人面子）醬蒸豬肉或排骨等，其味雋永。每年的 6、7 月，九龍醬園亦有供應。早期，人們最熱衷購買的是在工展會出售的蠔油及辣醬等調味品，售價 1 元五瓶。

　　每逢中秋及吃團年飯時，家裏總會享用一罐售約 2 元的車輪牌鮑魚，時至今日，已升值數以十倍以至百倍計。

　　當時的佐膳罐頭，普遍為豉油墨魚、海螺、回窩肉、油炆筍、豆豉鯪魚、午餐肉等，價廉物美，可以說是陪着我們一起成長。

▶ 由高士威道望向怡和街，約 1956 年。豪華戲院大廈內有一家豪華京菜酒樓。可見可口可樂、維他奶及衛力奶的廣告。左下方為第一代鳳城酒家。

Yee Wo Street, looking from Causeway Road, c. 1956. Hoover Peking Restaurant is situated in the Hoover Theatre Building. Advertisments of Coca Cola, Vitasoy and Wai Lik Soy can be seen. The first generation Fung Shing Restaurant is on the lower left.

▶ 在擺花街泰昌餅家門前輪購蛋撻的人龍，2005 年。

People queuing up for egg tarts in front of Tai Cheong Bakery on Lynhurst Terrace, 2005.

▲ 位於卑利街 13 號的源益蠔油香蝦及鹹魚店，
2008 年。

Yuen Yick Oyster Sauce and Shrimp Sauce
Manufacturer on 13 Peel Street, 2008.

第一章

茶樓茶室風情

一

1950 年代，若干平民化的茶樓及地蹢茶居，於晨早供應糯米雞、盅頭及碗頭的豬手，鳳爪排骨、滑雞及牛肉餅飯，皆售 4 至 5 毫。午市亦供應售 7 毫至 1 元的碟頭飯，可算價廉物美。

1956 年，於和平後在上環、灣仔及筲箕灣和九龍區開設的經濟飯店，提供廉價飯餐予普羅市民，初期更有公價牛肉配給。稍後陸續結業，連同位於大笪地的一家亦於約 1970 年結束。

由 19 世紀中葉迄至 1960 年代，「飲茶」為香港市民的重要生活習慣。「飲咗茶未？」這句應酬話，比「食咗飯未？」更為流行。大小商家及經紀多在茶樓與行家及客戶「斟」（傾談）生意，在「摸茶杯底」及享受「一盅兩件」之間達成交易。

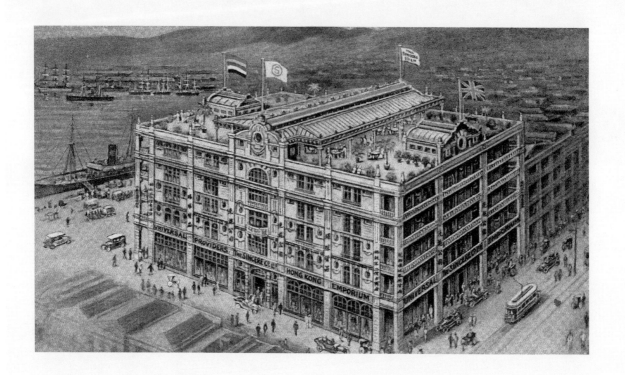

▼ 位於德輔道中先施公司天台茶室開市的廣告，1916 年 2 月 19 日。

An advertisement of the opening of a teahouse on the rooftop of Sincere Company on Des Voeux Road Central, 19 February 1916.

▲ 位於德輔道中（右）及永和街交界的先施公司及天台茶室，約 1916 年。

Sincere Company and its rooftop teahouse, at the intersection of Des Voeux Road Central (right) and Wing Wo Street, c. 1916.

◀ 上環皇后大道中同樂酒家增設茶市的廣告，1947 年。

An advertisement of the opening of tearoom in Tung Lok Restaurant on 354 Queen's Road Central, 1947.

▲ 威靈頓街（左）與皇后大道中（右）交界，約 1920 年。位於威靈頓街 198 號的
廣元泰洋貨前身為雲來茶居。

The intersection of Wellington Street (left) and Queen's Road Central (right),
c. 1920. Where Kwong Yuen Tai Department Store is situated was the former
site of Wan Loi Teahouse, on 198 Wellington Street.

▲ 由德輔道西向上望正街，約 1925 年。右方有三間茶樓。

Centre Street, c 1925. Three teahouses are on the right.

當時，市民多在家裏進食午飯和晚飯，其他時間多往飲茶，包括早茶、下午茶及消閒式的夜茶。

早期，政府規定食肆的營業時間為凌晨 4 時至深夜 2 時。1916 年，一家占元茶居於凌晨 3 時 40 分開門營業，被罰款 25 元。

戰後，位於上環永樂街 112 號的清華閣茶室以及位於依利近街 13 號的義芳茶室，皆於凌晨 4 時啟市。但義芳卻「走法律罅」，將大門關上，於舖側的「樓梯口」通道間開一「暗門」出入口供茶客進出，實行「走側門」24 小時營業。

最早光臨清華閣的茶客，是剛「埋頭」（泊岸）之港澳輪渡的搭客和船員，不少搭客是飲完茶便上班者。此外，也有上環果欄、街市、鮮魚行、鹹魚欄及海味店的買手和從業員；渡海小輪、巴士及電車的售票員和司機；之後也有上班一族及各行業不同階層。到了 8 時為最高峰，很多人飲完茶「醫了肚」便趕上班。

不少茶樓都有「不成文」的「留位」制度：若枱上的茶杯「杯口向天」，表示已「留座」，熟客或「熟性」（肯向企堂付小費）者，才可就座，每名企堂皆有打理若干張枱的「勢力範圍」，一般「初來甫到」者，往往有「繞樹三匝，無枝可依」的感覺。

中午 12 時至下午 2 時的午飯時段，亦是斟盤及斟生意的良機。五、六十年代，不少樓房店舖的買賣和租賃，都是由業主、經紀及用家在茶樓「斟妥盤」而成交，因當時的地產代理行業沒有現時般蓬勃。

下午 2 時至 4 時的下午茶時段，中上環及油麻地一帶的茶樓，如得雲、蓮香、第一樓，及佐敦道的雲天等均十分旺場，因這一帶的珠寶金行及工場遍設，茶樓匯聚了不少該行業的東主和職工，互通消息及交收鑲製好的珠寶首飾。

位於威靈頓街的襟江酒家，每天下午均聚集了大量鐘錶商人，進行買賣，形成一小型鐘錶市場，直至該酒家於 1981 年改變為第二代蓮香樓為止。

▼ 位於威靈頓街 119 號與鴨巴甸街交界的第二代蓮香茶樓，以及西鄰的嘗新酒家，1992 年。

The second generation Lin Heung Teahouse on 119 Wellington Street, 1992. Sheung Sun Restaurant is next to it.

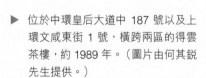
▲ 得雲茶樓的茶客，約 1980 年。

Customers in Tak Wan Teahouse,
c. 1980.

▶ 位於中環皇后大道中 187 號以及上
環文咸東街 1 號，橫跨兩區的得雲
茶樓，約 1989 年。（圖片由何其銳
先生提供。）

Tak Wan Teahouse on 187 Queen's
Road Central (Central District) and
1 Bonham Strand (Sheung Wan),
c. 1989.

陸羽茶室的點心訂製單，約 1990 年。

Dim sum order form of Luk Yu Teahouse, c. 1990.

◄ 位於士丹利街 24 至 26 號的陸羽茶室，1992 年。

Luk Yu Teahouse on 24-26 Stanley Street, 1992.

直至 1990 年代，有包括第二代蓮香等的若干家茶樓，於下午 4 時收市休息者，不設晚市。

　　茶樓茶室的晚飯時間為 5 時至 8 時，消費豐儉隨意。適合一家數口的「四和菜」或「大雞三味」，1960 年前後只為十元八塊，大受歡迎。

　　大部分茶樓皆供應「土炮」的廣東米酒，如昌源、杏林莊及陳太吉的雙蒸及玉冰燒等。

　　晚上直到 11 時許，大小茶樓茶居等均有一大班「夜茶客」，他們從悶熱的「白鴿籠」唐樓板間房走出來，手持 1 毫兩份、不同配搭的「拍拖報」，坐在一個臨窗可望街景的卡位，在木葉風扇的習習涼風下，一邊「嘆」報，一邊收聽麗的呼聲或香港電台的廣播，享受「一盅兩件」，是無以上之的大眾化享受。

　　直到 1990 年代，仍有不少小販手捧藤籃、在茶樓兜售小物件，如指甲鉗、刀片、耳挖、文具及毛筆等；亦有馬票女郎如穿花蝴蝶般，在各茶樓售賣馬票，間中亦有女郎賣唱以討賞賜者。

　　各大小茶樓的陳設，其實大同小異，木櫈木桌，桌面為雲石或玻璃，易於清潔，地面則舖花階磚或碎紙皮石，部分如灣仔的祿元居等鑲有不同顏色的玻璃窗。擺花街的嶺南、威靈頓街的萬國，以及永吉街的陸羽（1975 年遷往士丹利街現址），則懸掛了不少名人字畫，尤以陸羽所掛的最高檔。

　　俗稱「企堂」或「揸水煲」的茶博士，由戰後起大部分由男性擔任，只有永樂街的清華閣有若干名穿一如校服的藍布長衫的女企堂。當時，以陸羽茶室的部長最具儒者風範，他們穿粉藍色唐裝上衫連背心，底層為「利工民」牌開紐長袖線衫，黑色唐裝褲配同色絨功夫鞋，別具一格。1950 年代，一位黃姓的同屋共住為陸羽的部長，兩三年後便成為業主遷往自置新樓了。

▶ 灣仔雙喜茶樓的茶博士及
茶客，約 1985 年。
————————————
Tea server and customers
in Sheung Hei Teahouse,
Wan Chai, c. 1985.

▶ 在雙喜茶樓正享受「一盅兩
件」的茶客，約 1985 年。
————————————
Customers enjoying tea
and dim sums in Sheung
Hei Teahouse, c. 1985.

▲ 雙喜茶樓的「雀籠友」茶客，
約 1985 年。

Customers with their pet birds
in Sheung Hei Teahouse,
c. 1985.

迄至 1990 年代，在茶樓茶居品茗，多使用「一盅兩件」的茶
盅，當茶水斟完後，若不揭起盅蓋，茶博士是不會為茶客添加滾水
的，這習慣源於清末的內地，一名滿族人將玩弄的鵪鶉置於茶盅
內，茶博士於慣性揭盅加水時，收手不及而將鵪鶉燙死，該滿人盛
勢凌人，索償白銀數十両，茶樓損失慘重。俟後，各地茶樓業一致
議決，茶客不自行揭盅，企堂不會加水，此習慣更沿襲至今。

有謂：有錢樓上樓，無錢地下踎。50 年代一些平民化茶樓，
地廳茶價 1 毫半，樓上為 2 毫，一個「斗零」(5 仙) 便分隔出「樓
上樓」和「地下踎」的截然不同境界。

結賬找數，一般由茶博士點算茶杯碗碟，紀錄於一小單，由茶
客攜單到收銀處付款，茶博士會高呼一聲「單收」，收銀先生亦會
回應一聲。早期，亦有茶博士不寫單而高呼銀碼者，如「開嚟嗱住」
(即五隻手指，表示 5 毫)、「開嚟禮拜」(7 毫)、「孖四」(8 毫)、「唔
開胃」(淨飲雙計) 等。

早期，有不少「縮骨」的茶客會將部分杯碟藏於枱底或拋出窗外，因此茶博士於計數寫單時會先掃瞄枱欞底，而部分茶樓會在窗口裝上鐵絲網，以防茶客「走數」。

茶樓對付不結賬逕自離開、被稱為「飲霸王茶」的「走佬」茶客，多飽以老拳或掌摑以作懲戒，亦有將霸王羈留充賤役作抵償者，稱為「坐茶監」。1929 年報載，有人在域多利皇后街利泉茶居，花費了 14 仙而無錢找數，被掌摑後逐出，算是寬大了。

1954 年，有人在荷李活道 50 號瑞華茶室飲霸王茶，被拉往大館（中央警署），法官判其在赤柱吃「皇家飯」兩星期。

1934 年之統計，茶樓業之盈利多寡，是以中秋月餅之銷情衡量，禮餅為次，茶市只佔第三位，可見月餅、禮餅為茶樓的主要盈利來源。

大部分知名茶樓，皆位於戰前唐樓，部分如得雲等已有近百年歷史。由 1960 年代起，賴以生存的廉租唐樓陸續拆卸以建高樓大廈，形成老式茶樓逐漸消失。

1957 年，石塘咀金陵酒家內分割出一間「鳳鳴茶樓」，亦出售「鳳鳴月餅」，但酒家連同茶樓於 1960 年結業拆卸，改建為新安大廈。

1961 年，較大規模的茶樓是於彌敦道 586 至 590 號開幕、共五層樓的龍華茶樓。所在現為信和中心。

部分早期拆卸的茶樓，如高陞、第一樓、蓮香及陸羽等，均已遷往新址營業，大家都不以為意。1970 至 1980 年代，是茶樓茶居的快速消失期，仍引不起關注。到了 1990 年代，碩果僅存的茶樓，如得雲、多男、雙喜、蓮香，及旺角的雲來等依次結業拆卸，方才引起注視，傳媒及電視台亦前往拍攝其「最後一面」。最感失落者，相信是習慣享受「一盅兩件」的茶客。

▲ 結業當天的灣仔莊士敦道龍門酒樓，2009 年。

Lung Moon Restaurant on Johnston Road, Wan Chai, on its closing day, 2009.

▼ 位於上海街 378 號的得如酒樓及茶樓，1992 年。

Tak Yu Restaurant and Teahouse on 378 Shanghai Street, 1992.

▲ 位於士丹頓街 70 號的牛記茶室,約 1998 年。

Ngau Kee Teashop on 70 Staunton Street, c. 1998.

▼ 位於堅道 59 號的海燕飯店(茶室), 1999 年。

Hoi Yin Eatery (Teashop) on 59 Caine Road, 1999.

第二章　點心

一

　　市民往茶樓品茗，稱為「一盅兩件」，即沖一盅茶、吃兩件點心，傳統的點心如叉燒包、粉果、牛肉及雞扎等，都是用一碟兩件形式售賣的。此形式源於廣州。早期的點心一般較為大件，但蝦餃則較為「的式」（細小）。

　　19世紀，不少茶樓均用「羊城」（廣州）美點作標榜，不少茶樓以每七天轉換若干款新點心，即所謂「星期美點」以吸引茶客。

　　1918年，位於卑利街的陶然居茶室，聘到廣州之名廚到港，妙製百多款「太牢」（牛肉）菜式及點心奉客。約1970年，亦有一家位於仁人酒家樓下地舖的「太牢食家」，筆者曾在此品嚐牛肉及牛雜。

　　1922年12月，在德輔道中30號（利源東街口）的第一家陸羽茶室，以四季麵食及星期美點作招徠，該茶室所在現為景福珠寶行。

　　同年，得泉茶居及福心茶居的東主，創辦了一家製造食品和點心的「公共公司」，產品供應予各茶樓及茶居。

214   Chinese taking their tea & Cake.

▲ 在茶樓享用包點及茗茶的茶客，約 1905 年。

Customers enjoying tea and dim sum in a
Chinese teahouse, c. 1905.

1924 年 4 月起，位於皇后大道西 42 至 46 號的武彝仙館茶樓，每星期在報章刊登廣告，介紹其製作之星期美點，售價由二分四厘（3.3 仙）至三分六厘（5 仙），以下為其中部分：

韭黃雞絲春卷、雞粒粉果、鮮蝦方脯、窩貼卜魚鮫、腎花燒賣、雞粒馬眼餃、辣椒雞球、鮮蝦鯽魚餃、雞油馬拉糕、蟹肉冬蓉露、玫瑰馬蹄糕、蟹肉鳳眼餃、韭黃火鴨捲、菠蘿雞球、白菜蝦餃、腿蓉乳鴿、蓮蓉肉條、雜錦荷葉飯、蟹黃灌湯包、鳳凰雞球、掛綠雞球賣、山藥燒雞餅、怡紅灌湯包、油泡鳳眼卷、羊城鮮蝦粉果、銀針雲腿餅、千層冶蓉角、蠔油鳳肝粉果、茄汁斑球燒賣等。

還有名稱需推敲的點心，如：仙姑渡鵲橋、吞雲吐霧、包公審郭槐、父子團圓、鳳儀亭訴苦等。

武彝仙館位於灣仔皇后大道東 142 號之聯號祿元居，亦提供星期美點，以下為部分出品：

杏林春滿燒賣、蝦仁茄燒賣、草菇蟹肉餃、雲腿鮮蛋糕、鴛鴦滑雞卷、雲腿鳳凰燒賣、蘇州桂花腸、蟹肉怡和餃、月中丹桂燒賣、鮮蓮鴨肉瓜盅、香滑蓮蓉卷、菠蘿雞片燒賣、淮山雞扎蹄、核桃腎丁餃、草菇鴨掌燒賣、吉列桂魚球、蠔油鳳肝粉果、八寶馬蕗糕、鳳凰雞球角、掛綠蝦球、叉燒蝦蓉燒賣、臘腸叉燒包、蒜子魚餃、龍穿鳳翼燒賣、蟹蓉菊花盒及火雞蝦仁粉果等。

兩家茶樓的星期美點皆以每一個月為循環期。

▼ 武彝仙館的星期美點廣告，1924 年 4 月 24 日。

Advertisement of weekly dim sum of Mo Yee Sin Koon Teahouse, 24 April 1924.

▼ 灣仔祿元居的星期美點廣告，1924 年 5 月 11 日。

Advertisement of weekly dim sum of Luk Yuen Kui Teahouse, Wan Chai, 11 May 1924.

◀ 高陞茶樓（右）及武彝仙館（左）的點心及餅食廣告（每籠白銀二分四厘＝3.33 港仙），1925 年 2 月 24 日。

Advertisements of dim sum and cakes of Ko Shing Teahouse (right) and Mo Yee Sin Koon Teahouse (left), 24 February, 1925.

同年，另一家位於皇后大道西的含笑茶室，供應如下的點心：（每款 1 毫）

　　蟹黃粉卷、蟹肉葱油餅、蝦蟹剝皮包、焗蟹金錢雞。

　　還有每款 6 仙的甜點，如：切皮蓮蓉蒸餅、牛奶糕、紅豆沙包及牛油酥。

　　1927 年，位於德輔道中的味腴茶室，提供如下星期美點：

　　桂花蟬粉果、腿茸燒賣、珍珠肉丸、粟米雞盞、火腿金錢糕、果子八寶湯、叉燒鹹蛋糕、五仁棗皮餅等。

　　同年，位於華人行天台的南唐酒家，供應下列點心：

　　蝦仁荷葉飯、省城鮮蝦餃、雀肉雞肝魚角、三絲粉包、蝦皮玉掌、金錢雞夾、山藥雞粒卷、龍捲鳳肝及甜𥠖戟。

　　上述點心價格亦為鹹點 1 毫、甜點 6 仙。

　　該酒家內有一對聯為：「建偉業於港　修息是乎廬」。後一句令人百思不得其解，實際是 successful 的音譯。一兩年後，該酒家改名為大華飯店。

　　1931 年 3 月 7 日，位於德輔道中的大三元酒家，提供以下星期美點：

　　掛爐鴨燕窩包、蟹黃鹹水角、雙毛掛印、鳳凰脆皮卷、燒鴨糯米團、鳳城蒸粉果、蝦餃、上蘆灌湯包、雞汁玉蟾（盤）粉、生磨熱蹄糕、雞汁布甸、金華腿蛋糕、千層豬油包、孟加拉蛋撻（當時已有蛋撻出售，並冠以

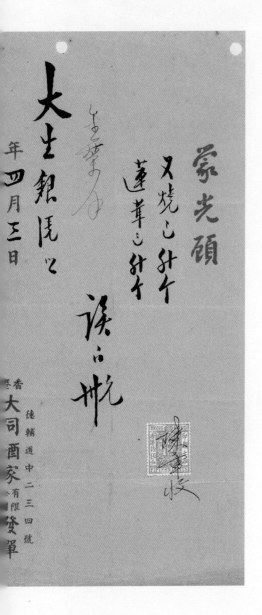

▲ 大同酒家的點心發票，約 1955 年。叉燒包或蓮蓉包每個 3 毫。

A dim sum invoice of Tai Tung Restaurant. Berbecued pork bun or lotus seed paste bun costs 30 cents each.

「孟加拉」之名。不過是否源自孟加拉則是個謎）。上述點心現時幾全消失。當時亦有「啫喱」等西式食品作為點心。

1939 年，彌敦酒店設有「爵爺茶市」，每位 4 毫，茶連同點心共有九款。其對面有一家「新新茶廳」供應點心，和平後為著名的影星及戲伶茶座。

淪陷時期，點心若有肉類或魚類者，已屬稀有，售價昂貴。到了 1944 年中，豬、雞、鴨、蝦及蛋類和牛奶等已沒有供應，而當時的點心主要為糕餅，尤以杏仁餅為多，亦被用作取代月餅。

和平後的點心，主要為大路的蝦餃、燒賣、牛肉、雞扎、粉果，以及大包、叉燒包及馬拉糕等。

1946 年，大同酒家的點心有：燒鵝瑤柱如意卷、銀絲美鮑扎、鳳肝鯪魚角、瑞士焗西排、冰肉西蛋糕、酥皮蓮蓉包等，每款售 7 毫。

1948 年，位於英京酒家二樓的廬山餐廳夜茶市，茶價為 2 毫，鹹甜點心每款 3 毫。

1955 年，建國酒家的點心為 3 毫至 6 毫；大華飯店的點心則一律售 4 毫。

1950 年代，街頭小食的腸粉綠豆沙，也成為茶樓的點心。

▼ 位於佐敦道以點心馳名的雲天茶樓及豪華茶廳，約 1962 年。

Wan Tim teahouse and Ho Wah Teahouse, both famous for their dim sum, on Jordan Road, c. 1962.

灣仔莊士敦道，約 1955 年。可見雙喜茶樓及龍鳳茶樓。左方的大成酒家所在現在三聯書店。

Johnston Road, Wan Chai, c. 1955. Sheung Hei Teahouse and Lung Fung Teahouse can be seen in the picture. Tai Shing Restaurant is on the left, where Joint Publishing is situated today.

▼　一家茶樓的茶客及女售點心員，約 1960 年。

Customers and female dim sum sellers in a teahouse, c. 1960.

1960 年代，如牛雜、牛栢葉、鳳爪、鴨腳、豬大腸、豬紅、豬皮，以及豬腳薑等，由「難登大雅之堂」的街邊廉價食品，「飛上枝頭」成為茶樓酒家的「主打」點心。

而當時，最受歡迎的點心為可「飽肚」的盅頭飯和糯米雞等。

早期的售點心員全為男工，肩掛手捧大蒸籠沿枱推銷，被稱為「揸巴士」。 1950 年代，開始由少女和女童出任，被稱為「點心妹」。 1960 年代，逐漸改為中年女士，盛器亦由大蒸籠改為金屬盤，後期已改為點心車了。

現時，仍保留「每星期轉換一次」星期美點的傳統茶樓及酒家，只剩下陸羽茶室一家。

▲ 雙喜茶樓的點心師傅，約 1985 年。

Dim sum chefs in Sheung Hei Teahouse, c. 1985.

▼ 坐於灣仔雙喜茶樓臨窗卡座讀報紙的茶客，約 1985 年。

Customers reading newspaper in Sheung Hei Teahouse, Wan Chai, c. 1985.

▲ 灣仔雙喜茶樓的茶客及售點心員,約 1985 年。

Customers and dim sum sellers in Sheung Hei
Teahouse, Wan Chai, c. 1985.

第三章　酒家菜式

一

　　香港第一家杏花樓成立於 1846 年，位於皇后大道中 325 號。以下為杏花樓於 1895 年刊登的午酌 (午市小酌) 菜單和價格：

港幣 1 元菜單 (供四位用)

小菜 (任擇) 二半賣 (「半賣」是指酒席上一道菜式的一半份量，可供六人享用，即半圍)、瘦肉絲炒麵一碟、紅瓜子一碟、色酒一壺、名茶四盅

港幣 4 元菜單 (供六位用)

雞蓉生翅半賣、小菜 (任擇) 四半賣、熱食二個、冷葷兩個 (皮蛋、蝦浙)、色酒二壺、紅瓜子一碟、名茶六盅、點心一道、五柳居魚一條、揚州炒飯半賣或粉麵 (任擇)

　　以下為 (任擇) 之半賣菜式：

炒鴨片、炒排骨、炒生魚片、炒綿羊絲、炒蝦仁、炒響螺、豆豉魚、醋溜魚、切肉蟹、芙蓉蟹、京都溜王菜、杏仁豆腐、醋溜蟹、雜錦鴨羹、草菇川鴨片、冬瓜露、燉冬菇、雞蓉鰉魚頭、火腿冬瓜、雞蓉小燕、韮王會鮑絲、海秋魚根、金銀鮮合、珍珠魚皮、蝴蝶海參、金錢冬菇、火腿榆耳、湯泡肚、炒滑雞片、炒薑芽鴨片

　　以下為 (任擇) 之飯麵：

揚州炒飯半賣、揚州小窩米粉一個、揚州小窩麵一個、瘦肉絲炒麵一碟、肉絲炒米粉一賣、鮮蝦水餃 30 隻

　　從上述之午酌菜單，可窺見 19 世紀香港風月區一流酒家菜式、粉麵飯的價格和消費方式。

位於皇后大道中 325 號的杏花樓酒樓，1860 年代。（香港歷史博物館藏品。）

Hang Fa Lau Restaurant on 325 Queen's Road Central, 1860s.

宴瓊林酒樓有關亭午（午飯）小酌、花局（晚宴頭圍）及夜局（晚宴尾圍）的廣告，1895 年。

An advertisement of different kinds of meal offered by Yin King Lam Restaurant, 1895.

上環水坑口街，1977 年。右中部是原宴瓊林酒樓所在。

Possession Street, Sheung Wan, 1977. The original Yin King Lam Restaurant was situated on the middle right.

1905 年，上環太平山街品芳酒樓的菜單如下：

日局例菜（午敍小酌）

港幣 4 元菜單（供六位用）
瑤柱燉鴨、生炒海鮮、炸子乳鴿、清炒魚肚、杏仁腎丁、菊花鱸魚羹、雞蓉茼蒿
另熱葷二碟、伊府麵九吋（九吋是指盛麵瓷碟的長度）、生果二碟、紅瓜子三碟、各式酒四壺、香茶六位

港幣 10 元菜單（供十位用）
（八大碗）蟹蓉生翅、燉神仙鴨、杏元山瑞、清湯魚肚、炸子乳鴿、燉鷓鴣粥、菊花鱸魚羹、紅燒肇菜
（八熱食）杏仁雞丁、煎明蝦碌、雞蓉燕窩、炒鵪鶉鬆、雞皮榆耳、上湯泡腎、京丫黃菜、草菇鴨掌
另二熱葷、二冷葷、中西點二道
二生果、二京果、杏仁茶、四飯菜湯
又包：菜晏（白飯）粥十位、紅瓜子四碟、各式酒六壺、檳水在內（檳榔及茶水費免收）

　　上述午酌菜式，十分豐富，不過，當年的港幣 10 元約為普羅市民的兩、三個月薪金，價格不算便宜。

在太平山（街）開張之品芳樓酒樓的菜式廣告，列出由三至十人的消費，1905 年。

Menu of Pun Fong Restaurant on Tai Ping Shan (Street), 1905.

位於皇后大道中華人行的南唐酒家小菜及點心價目表，1927 年。

Price list of dishes and dim sum of Nam Tong Restaurant in China Building, Queen's Road Central, 1927.

在酒樓盛宴上進行「猜枚」的飲客，約 1910 年。

Customers enjoyed feasting and playing "number guessing" ("Chai Mui") drinking game in a restaurant, c. 1910.

1931 年，威靈頓街南園、石塘咀遇安台文園、鵝頸橋大三元、德輔道中及油麻地大三元，推出「十大件」酒席，每桌（十二人用）38 元，到會加 2 元，菜式如下：

鴻圖鮑翅、掛爐燒雞、輕扣淡羅衣、流星鮑片、瑞集（山瑞）丹墀、嫣紅百花鴿、鳳爪梅花、崑崙石斑、龍躍鳶飛、合桃酥乳酪

另四熱素、二京果、二生果

同時，位於德輔道中 26 號的中華酒家供應昂貴的「名貴瓊筵」，每桌 250 元，另供每盤 80 元的「鴻圖翅」。

同年，石塘咀樂陶陶酒家，供應 8 元十款的菜式：

生雞絲翅、白汁石斑、炸子肥雞、雪影鮑脯、銀芽雞絲、鳳肝蝦片、鮮蓮蟹羹、鳳引金錢、鼎湖素菜

該酒家亦供應多款售 2 毫的時菜。

1940 年 3 月，位於沙田火車站附近的杏花邨茶寮，供應新宰黃麖、老爺豆腐、自種菜蔬及家機白米。

1941 年 11 月 22 日，由丫士打酒店改營之勝斯酒店，供應每桌 30 元的酒菜，內有六大菜、四中菜及一盅原湯。

二戰和平後的 1946 年，石塘咀金陵酒家用「電車恢復西行」為該酒家作宣傳。一年後，該酒家的司理人「附庸風雅樓主」黎福，推介特備的五蛇宴席。

以蛇宴作標榜的還有位於德輔道中 317 號上環街市旁的新光酒家，其綴有「奉旨屠龍」四個大字的數層高大花牌，對位於其對面門牌 320 號的銀龍酒家來說，屬「攞景贈興」式的針對。

▶ 中華酒家食譜，1931 年。

Menu of Chung Wah Restaurant, 1931.

▶ 德輔道中 26 號，中華酒家的業務簡介及菜單，1931 年。

Introduction and New Menu of Chung Wah Restaurant of no. 26 Des Voeux Road Central, 1931.

▶ 由利源東街西望德輔道中，約1915年。右方為位於與德忌利士街交界的陶陶仙館。

Des Voeux Road Central, looking west from Li Yuen Street East, c. 1915. Tao Tao Sin Koon Restaurant is on the right, at the intersection of Des Voeux Road Central and Douglas Street.

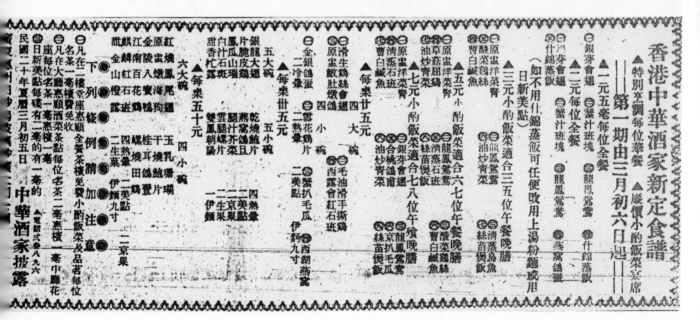

又演新戲

廣州四大酒家倣設十大件新菜業已十載兩
一席出世輒風靡一時自南園大三元分
後所出十大件新菜亦已三期純列酒家讀來
任此種新菜向不計本若第四期又已出世散
元不能兼洲所以降價三十六元者非五十餘
於此種新菜向不計本若降價三十六元核算
招徠耳所謂予不信何必一試又敢酒家前出之廣
八寶燒雞及萬箭穿雲亦益會歟迎又特之
製長壽鴨與鴨肉湯煮陳豆腐每菜
尤精炎可口為食譜閒一新紀元合併附
第四期十大件新菜
降價三十六元外資到會每桌加二元
本號專用省城著名美酒：

金銀大鮑翅　八寶金錢鴨　珠…
新潮大鯪片　珊瑚大石斑　牡丹…
玉和連珠　手撕…　高橋銀河…　香…
四歎章　二京生果　上海伊…　四小菜…

廣州大三元　文園　飛園（粵）大三園
廣州南園　四園　（…）大三園　又…園

本港德付道中大三元酒家同啓
本港威靈頓街南園酒家同啓
（第一）（佛山利悅）

▲ 德輔道中大三元酒家以及威
靈頓街南園酒家的菜單，
1927 年。

Menus of Tai Sam Yuen
Restaurant (on Des Voeux
Road Central) and Nam
Yuen Restaurant (on
Wellington Street), 1927.

◀ 油麻地彌敦酒店及酒家，約
1930 年。

Nathan Hotel and restaurant in
Yau Ma Tei, c. 1930.

油麻地彌敦酒店的聯婚宴會菜單和發票，1962 年。

Wedding banquet menu and invoice of Nathan Hotel, Yau Ma Tei, 1962.

皇后大道中勝斯酒店的華筵菜單，1941 年。

Chinese banquet price list of St. Francis Hotel on Queen's Road Central, 1941.

金陵酒家的廣告，1947年。

An advertisement of Kam Ling
Restaurant, 1947.

石塘咀金陵酒家的蛇宴廣告，1947年。

An advertisement of snake soup banquet
of Kam Ling Restaurant in Shek Tong Tsui,
1947.

◀ 位於上環德輔道中 317 號的新光大酒家筵席、小菜及點心廣告，1954 年。

Banquet, side dish and dim sum advertisement of Sun Kwong Restaurant, on 317 Des Vouex Road Central, 1954.

▲ 位於灣仔軒尼詩道 253 號、以太爺雞馳名的頤園酒家的廣告，1948 年 2 月 21 日。

An advertisement of Yee Yuen Restaurant on 253 Hennessy Road, Wan Chai, famous for its Tai Ya (Master) chicken, 21 February 1948.

大同酒家的西羣大鮑翅，大碗售 18 元；威化瑞士雞售 28 元。

1938 年開業的英京酒家於 1947 年的廣告中，標榜可供應包括南園、西園、文園及大三元之廣州四大酒家的佳餚及宴席。

1948 年，英京酒家推出每桌 140 元，供十二位用的「十大件」翅席，菜式為：

滑雞絲大翅、紅燒網鮑脯、金腿玉蘭雞、原盅肘子藏珍、燒石岐雙鴿、長壽斑成條、蟹黃露筍菜、煎大明蝦碌、吉祥扒大鴨、百子鮮雪酪
另兩大熱葷：響螺班雀片、雀肉珍珠丸
美點兩式

以魚翅為主的酒家，還有同樂、大同、中國、建國及大華等酒家，多以西羣大鮑翅、鮑翅席或大裙翅等作招徠。一家位於德輔道西 9 號，以潮州翅馳譽的天發酒家，除翅席外，另一大生意為以南北行商及老闆為對象的「魚翅餐」外賣送上門服務。

1960 年，已有多家酒樓酒家供應「碗仔翅」，每碗 2 元，雖昂貴但亦頗受歡迎。

四、五十年代，多家酒樓酒家以雞菜式作號召，包括大同的威化瑞士雞、馨記的市師雞、洞天的鹽焗雞、勝利的蟠龍雞、頤園的太爺雞（標榜為「姑蘇周生記」秘製）、龍珠的大雞三味，以及金魚菜館的五香雞等，但始終都是炸子雞最為普遍。

同時，各大酒家亦提供午酌、晚市小菜、雀局菜、廳局菜、筵席及「四喜大筵」。四喜大筵相等於以前塘西酒樓「尾圍」的「八大八小」（即八碟大菜及八碟小菜）。

1950 年 7 月 10 日，在銅鑼灣邊寧頓街開張的金魚菜館，所供應的四喜大筵，內容有：四冷葷、四熱葷、四大菜、四飯菜、另有：四鹹點、四甜點、四乾果及四鮮果。

1950 年，建國、中國及仁人酒家供應西式唐餐，每位 1.6 元，有湯一盤，碟頭飯一碟，咖啡或茶，一切下欄俱免。

三家酒家亦供應名為「九大件」的筵席，有九道菜的翅席，內有大鮑翅、禾蔴鮑魚、大紅斑及乾煎蝦碌等，每席由 50 至 100 多元不等。

其他菜式還有：燒鴨腳包、生炒黃鱔、鷓鴣粥、荔浦蝦盒、雞子哥渣、酸辣魚肚、五香雞、燒斑雀、紅燒鮑甫、金冕多湯、焗鵪鶉、山斑西菜湯、滷禾花雀。

早於 1947 年，已有禾花雀運港，日銷一萬頭，未去毛者每打 1.9 元，去毛者每打 2.5 元，酒樓每打約售 12 元。

1950 年代，大量禾花雀運港銷售。早期，廣州漿欄路是禾花雀分銷市場。

1954 年，位於德輔道中 317 號的新光大酒家提供 85 元的鮑翅席，以及 50 元的翅席「九大件」，茶中芥全免。其對面的銀龍大酒家亦推出 80 元的「九大件」筵席，包括大鮑翅、禾蔴鮑甫及紅斑。

▶ 由皇后大道中上望砵典乍街，約 1960 年。左上方是鏞記酒家。

Pottinger Street, looking up from Queen's Road Central, c. 1960. Yung Kee Restaurant is on the upper left.

▶ 位於砵甸乍街 30 號 A 的鏞記酒家廣告，刊於和平後的 1945 年 10 月 26 日。

An advertisement of Yung Kee Restaurant, on 30A Pottinger Street, after World War II, 26 October 1945.

▲ 以筵席及小菜馳名、位於德輔道中 79 至 81 號的敍香園酒家，約 1957 年。

Tsui Heung Yuen Restaurant, famous for Chinese banquet and dishes, on 79-81 Des Voeux Road Central, c. 1957.

▲ 金魚菜館的小菜廣告，1950 年。

An advertisement of side dishes of Goldfish Restaurant, 1950.

▶ 香港仔，約 1952 年。左下方為黃埔船塢。右中部可見四艘早期的海鮮舫。

Aberdeen, c. 1952. Whampoa Wharf is on the lower left. Four early floating restaurants are on the right.

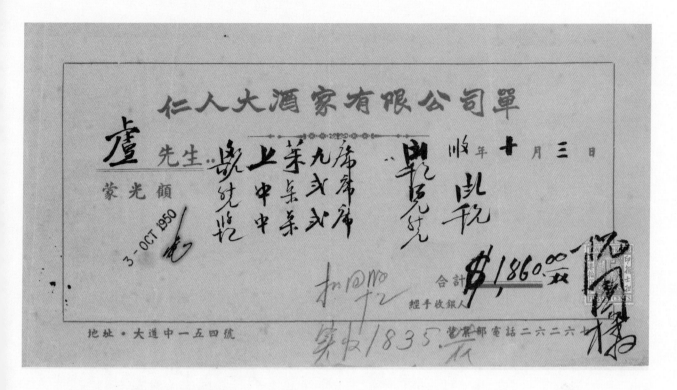

▲ 位於皇后大道中 154 號仁人酒家的筵席發票，1950 年。

Banquet invoice of Yan Yan Restaurant on 154 Queen's
Road Central, 1950.

▲ 筵席專家喜臨門的菜單，約 1950 年。

Banquet menu of Hillman Kitchen, a banquet catering shop, c. 1950.

▼ 位於德輔道中 320 號的銀龍大酒家菜單，1955 年。

Menu of Ngan Lung Restaurant on 320 Des Voeux Road Central, 1955.

▲ 由上環街市望向德輔道中，約 1960 年。左方為新光大酒
家。右方為銀龍大酒家。正中的李寶椿大樓內有月宮酒樓。

Des Voeux Road Central, looking from Western Market,
c. 1960. Sun Kwong Restaurant is on the left. Ngan Lung
Restaurant is on the right. Moon Palace Restaurant is
situated in Li Po Chun Building in the middle.

▶ 尖沙咀美麗華酒店內萬壽宮夜總
會中菜廳的景象，約 1958 年。

Chinese restaurant and night
club in Hotel Miramar, Tsim Sha
Tsui, c. 1958.

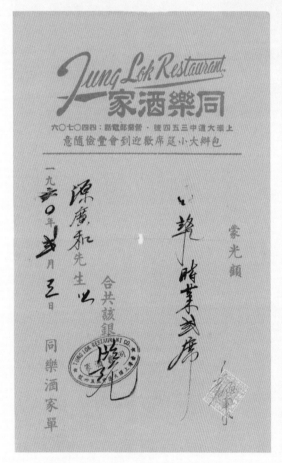

▶ 港九太平館餐室的「禾花雀」廣
告，1947 年 10 月 8 日。

An advertisement of yellow-
breasted bunting by Tai Ping
Koon Restaurants in Hong
Kong and Kowloon, 8 October
1947.

▲ 位於皇后大道中 354 號的同樂酒家發票，1960 年。

Invoice of Tung Lok Restaurant, on 354 Queen's
Road Central, 1960.

1960 年 11 月 12 日，由萬有茶樓酒家易手經營的龍圖大酒家開幕，內設「龍樓笙歌音樂茶座」。

同年，一家位於旺角上海街 419 至 437 號的陸羽居大酒家，標榜為一連十間，設有地廳，可筵開百席，供應威化炸子雞，每隻特價 $12，兼送大啤一支。

1959 年 12 月，位於北角英皇道 339 號、由廣州酒家經理陳星海主理的北大粵菜館，供應菜式包括：古法瓦罉鹽焗雞、魚頭雲酒、魚雲羹。1980 年代，筆者曾在其長康街的分店嚐到價廉物美的魚翅。

1961 年，酒家也供應涼粉、綠豆沙等食品，搶奪了大牌檔的生意。

▼ 九龍城，1969 年。中右方打鼓嶺道與龍崗道之間的太子道上，有著名的百好、西南及南方酒樓。（圖片由吳貴龍先生提供。）

Famous Pak Ho Restaurant, Sai Nam Restaurant and Nam Fong Restaurant, on Prince Edward Road, between Ta Ku Ling Road and Lung Kong Road, Kowloon City, 1969.

▲ 皇后大道中，約 1963 年。在汽車左方的商務印書館樓上曾開設天鵝酒家。

Queen's Road Central, c. 1963. Swan Restaurant was once opened on the second building on the left.

◀ 位於皇后大道中 35 號商務印書館樓上的天鵝酒家夜總會開業廣告，1957 年 3 月 9 日。

An advertisement of the opening of Swan Restaurant and Night Club on 35 Queen's Road Central, 9 March 1957.

▲ 由北海街南望彌敦道,約 1974 年。右
方為豪華酒家。正中為金漢酒樓。左方
為富都城客家菜館。

Nathan Road, looking south from Pak
Hoi Street, c. 1974. Hoover Restaurant
is on the right. Kam Hon Restaurant
is in the middle. Fu Dao Shing Hakka
Restaurant is on the left.

◀ 位於德輔道中 14 號的連卡佛大廈,約
1975 年。大廈地庫翠華餐廳的所在,
原為威士文餐廳及美心餐廳。

Lane Crawford House on 14 Des
Voeux Road Central, c. 1975. The
site of Tsui Wah Restaurant on the
basement is where Wiseman Café and
Maxim's Restaurant situated in the
past.

▶ 彌敦道國際酒樓的菜單，1972
年。菜單上每席 340 元的菜式
有：乳豬大拼盤；二大熱葷合桃
鮮蝦和蟹肉豆苗；主菜為紅燒雞
絲生翅、窩燒鮮鮑玉掌、當紅脆
皮炸子雞、雪耳燉雙乳鴿、油浸
雙筒殼魚。單尾為：百年（蓮）
好合、揚州炒飯、雙喜伊麵及鴛
鴦美點。

A banquet menu of International
Restaurant, Nathan Road, 1972.

▶ 位於德輔道西 9 號、面向南北行
街（文咸西街）的天發酒家，以
潮州翅馳譽，1986 年。（圖片
由陳創楚先生提供。）

Tin Fat Restaurant on 9 Des
Voeux Road West, opposite
Bonham Strand West, 1986. The
restaurant is famous for Chiu
Chow shark fin soup.

◀ 位於波斯富街的利舞台戲
院，約 1990 年。右方為翠
園酒樓及泉章居客家菜館。

Lee Theatre on Percival
Street, c. 1990. Jade
Garden Restaurant and
Chuen Cheung Kui Hakka
Restaurant are on the
right.

◀ 龍門酒樓外牆的懷舊風味
小菜廣告，2005 年。

An advertisement of
nostalgic dishes of Lung
Moon Restaurant, Wan
Chai, 2005.

中環街市及上環街市歷史

直至 1930 年代，中上環酒家及茶樓等食肆的食材，主要來自中環街市及上環街市。中環街市於 1842 年 6 月 10 日開始營業。當時，香港的首次填海尚未完成，後門距離海旁只有幾尺。1858 年及 1895 年，中環街市兩次改建先後落成。

約 1930 年，鹹水魚市場設於中環街市旁之租庇利街，於凌晨 3 時開市，各區魚販到此購買，運往各街市魚檔發售，直到 1937 年底街市計劃拆卸改建為止。

迄至 1938 年 5 月，位於皇后大道中、摩利臣街與文咸東街交界開業於 1858 年的南便上環街市（現上環文娛中心及街市一帶）是專售鮮魚及瓜菜；而北便上環街市（現西港城所在）則專售雞、鴨、牛、羊、及豬等肉類。

當局曾打算將南北兩座上環街市改良，並將附近的果欄遷入，但最終沒有實行，只是將位於上環街市的潔淨局（市政事務署）之人員，移往於 1939 年 5 月重建落成的第四代新中環街市。

◀ 食材供應中心——中環街市，約 1925 年。

Central Market, a food ingredient supply centre, c. 1925.

第四章　滿漢全席

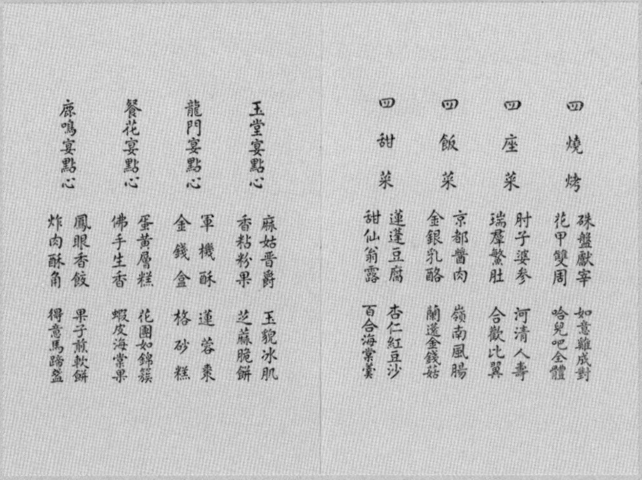

四燒烤　珠盤獻寶　如意雞成對　花甲雙圍　蛤吧金體
四座菜　肘子婆參　河清人壽　瑞摩鱉肚　合歡比翼
四飯菜　京都醬肉　嶺南風腸　金銀乳酪　蘭遠金錢菇
四甜菜　蓮蓬豆腐　杏仁紅豆沙　甜仙翁露　百合海棠業

玉堂宴點心　麻姑晉爵　玉貌冰肌　香粘粉果　芝蘇脆餅
龍門宴點心　軍機酥　蓮蓉棗　金錢盒　格砂糕
餐花宴點心　蛋黃層糕　花圍如錦簇　佛手生香　蝦皮海棠果
麻鳴宴點心　鳳眼杏飯　果子煎軟餅　炸肉酥角　得意馬蹄盞

　　香港有記錄的滿漢全席，較顯著的一次是 1927 年，南北行正利金山莊東主葉同瑜，在德輔道中大同酒家以每席數百元之滿漢全席款客（按：當時大坑道一帶的地皮價格為每英呎為 25 仙），該酒家東主親赴廣州採辦食材，所有餐具均為銀器。當時的酒家司理為馮劍生。

　　1929 年，石塘咀頤和酒家改組為統一酒家，舉辦抽獎送出滿漢全席，並列出菜單，後來遭政府禁止。

1929 年 8 月 13 日，位於石塘咀皇后大道西 465 號
的統一酒家「滿漢合璧全席」之菜式表如下：

四海碗	清湯官燕	乾燒扒翅
	熊掌鷓鴣	會金錢豹
四大碗座菜	肘子冬瓜	玉蘭廣肚
	海上神仙	烏龍爪子
四中碗	紅燒網鮑片	鹿尾羓蜆鴨
	清湯大翅	鶴守仙園
四小碗	翡翠珊瑚	滑七日鮮球
	錦繡羅裙	麟吐玉書
四每位	桂花耳鴿蛋	清湯雪耳
	舌戰羣儒	白菌雞腰
四燒烤	燒乳豬全體	掛爐鴨一對
	哈士吧全腿	如意雞一對
四熱葷	淞江寶扇	鴛鴦粉蝶
	喜鵲朝陽	仙下紅塵
四冷葷	雙拼玉簪排子	雙拼洋腿雞項
	雙拼鹽水豬腰	雙拼五彩艷素
四蜜碗	蟠桃仙果	鮮蓮百合
	白菩提子	鎮江南棗
四生果　四看果　四糖果	四飯菜	
四京果　四水果　四點心	四度長春湯	
到奉西式點心		
雪奶杏仁豆腐（每位）		

▼ 位於石塘咀皇后大道西 465 號的統
一酒家滿漢全席菜單，1929 年 8
月 13 日。

Man-Han banquet menu of United
Restaurant, on 465 Queen's Road
West, Shek Tong Tsui, 13 August
1929.

1959 年，大同酒家亦曾舉辦一次滿漢全席，出席的紳商名流包括製片家邵邨人先生（邵逸夫先生二哥）及韋基舜先生。

　　約 1960 年，英京酒家推出「大漢全筵」，其弁言述及該「全筵」始於清初，高官富紳之酬酢者亦以非此不敬。再觀全筵此序目，其選辦之山珍海錯，精益求精程度，實與滿漢全席不相伯仲。現將「大漢全筵」精饌臚列：

大漢全筵序目

到奉點心	玉液桂魚卷	
	玫瑰菊花球	
	上湯片兒麵	
四雙拼冷葷	波羅浴日	白雪紅霞
	金玉鴛鴦	荷塘並蒂
四熱葷	碧綠珊瑚	金縷銀針
	玉種藍田	松江玉膾
四海碗	一品官燕	鳳尾裙翅
	錦殿花狸	彩鳧鹿羓
四大碗	龍紋鮑片	京扒熊掌
	松鶴延年	紅扒海狗
四中碗	竹林瑞鹿	錦繡香羅
	四海昇平	龍肝鳳髓
四每位	月中丹桂	雪花雀利
	彩鳳啣芝	上湯雪蛤
四燒烤	硃盤獻宰	如意雞成對
	花甲雙周	哈兒吧全體
四座菜	肘子婆參	河清人壽
	瑞羣繁肚	合歡比翼
四飯菜	京都醬肉	嶺南風腸
	金銀乳酪	蘭遠金錢菇
四甜菜	蓮蓬豆腐	杏仁紅豆沙
	甜仙翁露	百合海棠羹

（上述「大漢全筵」精饌食譜由德成置業有限公司提供。）

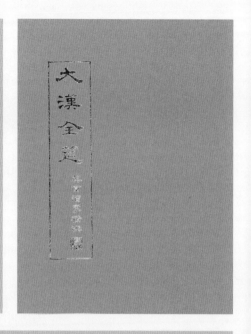

大漢全筵序目

到奉點心　玉液桂魚球　玫瑰菊花球

四雙拼冷葷　波羅浴日　白雪紅霞　金玉鴛鴦　荷塘並蒂　碧綠珊瑚　金縷銀針

上湯片兒麵

四熱葷　玉種藍田　松江玉膾

四海碗　一品官燕　鳳尾群翅　錦殿花狸　彩凰麂豝

四大碗　龍紋鮑片　京扒熊掌　松鶴延年　紅扒海狗

四中碗　竹林瑞鹿　錦繡香羅　四海昇平　龍肝鳳髓

四每位　月中丹桂　雪花雀利　彩鳳卿芝　上湯雪蛤

四燒烤　硃盤獻宰　如意雞成對　花甲雙周　哈兒吧全體

四座菜　肘子婆參　河清人壽　瑞摩繁肚　合歡比翼

四飯菜　京都醬肉　嶺南風腸　金銀乳酪　蘭造金錢菇

四甜菜　蓮蓉豆腐　杏仁紅豆沙　甜仙翁露　百合海棠宴

玉堂宴點心　麻菇晉爵　玉貌冰肌　香粘粉果　芝蘇脆餅

龍門宴點心　軍機酥　蓮蓉棗　金錢盒　格砂糕

餐花宴點心　蛋黃層糕　花園如錦簇　佛手生香　蝦皮海棠果

原鳴宴點心　鳳眼香飯　果子煎軟餅　炸肉酥角　得意馬蹄盞

四看果　四水果　四糖果　四蜜果　四京果　四生果

八仙賀壽　三星公　爵祿封矦　五瑞獸　王母蟠桃乙座

▲ 位於灣仔莊士敦道 179 號的英京酒家大漢全筵序目，約 1960 年。（圖片由德成置業有限公司提供。）

Tai-Han banquet menu of Ying King Restaurant, on 179 Johnston Road, Wan Chai, c. 1960.

　　香港另一次盛大的滿漢全席，於 1977 年在彌敦道普慶戲院對面的國賓酒樓舉行，每席費用為 10 萬元，菜式包括熊掌、鱘龍片等。座上客包括影視紅星汪明荃女士。

第五章　私房菜食館

一

六、七十年代，筆者不時參加在私人會所舉辦的宴會，尤其以秋冬令的蛇宴為多。印象深刻的包括行業公會、商會、職工會、聯誼會，以及銀行的食堂等。

位於威靈頓街88號一幢唐樓樓上的商業通濟公會，樓下為一古色古香的醴泉酒帘，公會的蛇宴在60年代中來說，是充滿新鮮感的。筆者在此第一次品嚐碧綠色的三蛇膽酒。

另一間為位於上環蘇杭街一幢舊樓頂層，華洋百貨普益商會的蛇宴，味道亦佳妙，每次赴宴都是「座上客常滿」。

由雪廠街望德輔道中，約 1966 年。左方為於皇室行地下的大利連超級市場。其右鄰有旗幟之連卡佛大廈的地庫為美心餐廳。

Des Voeux Road Central, looking from Ice House Street, c. 1966. Dairy Lane Supermarket is situated at the ground floor of Windsor House on the left of the road. Lane Crawford House, where Maxim's Restaurant is situated at its basement, is next to it.

　　另一極品蛇宴場所是位於中環德輔道中章記大廈，寶生銀行（現翠華餐廳）樓上的工業原料商會的不同款式盛筵，有美味的蛇羹、淨重 24 両的大裙翅，配以顆顆飯粒皆分離、略帶青色的生炒臘味糯米飯，至今仍未忘懷。

　　筆者常常赴宴的，為皇后大道中近機利文街口、由名廚「師傅祥」主理的廣安銀行食堂。該食堂製作之美饌，無論裙翅、鮑翅以至蟹黃翅，皆份量十足；還可在此嚐到整體上桌的果子狸，以及當時難得一見的竹笙白鴿蛋。

　　偶爾，也會在租庇利街的順德聯誼會內大快朵頤，得嚐鮑參翅及炸子雞等佳品。約十年前，承蒙一銀行界人士邀宴，盛筵之外，還可一試其所珍藏之 1980 年代「武當老柴」（Château Mouton Rothschild）紅酒，飲飽食醉，回味無窮。

　　其他使筆者得遂朵頤之樂的著名宴聚場所，還有急庇利街的中華出入口商會、干諾道中的華商會所，以及德輔道中的嶺南會所等，至今仍有美好的回憶。

第六章 大牌檔滋味

一

　　50 至 70 年代，香港有若干大牌檔的出品，風味絕佳，當中包括以清湯牛腩馳名的大牌檔九記，被一眾食家譽為「浮生六記」名所之一，即可見一斑。同時，另一牛腩名檔為位於士他花利街近威靈頓街的陳成記，兩者的味道各有千秋。陳成記的檔口先前是一售賣豬肺湯檔，湯品味道亦鮮美。

　　在陳成記隔一條威靈頓街的對面，是一檔獨沽一味售賣煎堆的維記，不同鹹甜餡料的煎堆不下十款，最難忘的是白色外皮的爆谷煎堆。與維記煎堆有「異曲同工」美味的，是位於鴨巴甸街、面向結志街的煎燒餅檔，亦是以不同餡料作賣點。

　　說到結志街，有一檔以魚蛋粉馳名的景記。當年的魚蛋名檔，還有位於上環畢街近禧利街的有記及益記。不時可見到其員工將一大堆魚肉猛力地「撻」在地面，怪不得其味道鮮美及爽口。此外，於西營盤修打蘭街亦有三數家魚蛋、魚餃及魚扎名檔，加上灣仔譚臣道於東方戲院旁的好彩，皆以魚蛋馳名。

◀ 位於中環士他花利街的陳成記
牛腩麵檔，1999 年。

Chan Shing Kee beef brisket
noodle stall on Staveley Street,
Central, 1999.

◀ 已遷往卑利街 6 號的陳成記，
2007 年。

Chan Shing Kee on 6 Peel
Street, 2007.

位於九如坊與鴨巴甸街交界的街坊會建築物，約 1985 年。其右方有幾座大牌檔。

Kai Fong Association building at the intersection of Kau U Fong and Aberdeen Street, c. 1985. Several food stalls are on its right.

位於中環結志街、以「絲襪奶茶」馳名的蘭芳園大牌檔，2008 年。

Lan Fong Yuen food stall, famous for its Hong Kong-style milk tea, on Gage Street, Central, 2008.

上環畢街有七八個大牌檔，附近亦有包括蛇王林及蛇王源等蛇店。早於 1948 年，有一兩個大牌檔出售蛇羹、蛇肉及狗肉，在寒冬時顧客擠擁。因狗肉食客亦在被捕之列，故不時要「走鬼」。

1960 年代初畢街有一李錫開燉品檔，供應川芎燉豬腦、水鴨及鷓鴣等。其西鄰是廣源興燒味檔，以中豬、乳豬馳名。

畢街附近的急庇利街，有一生滾粥檔棟記，筆者最常吃的是及第粥和牛雜粥。記得有一次「冒險」嘗試「牛荔枝」（牛腹膜的粉瘤）粥，味道彷如牛筋丸，但僅此一次而已。

急庇利街近永樂街有江九記燒味及友義興炒賣檔，兩者亦享盛名。因其接近港澳碼頭，營業時間直至凌晨二時。這一帶的食檔可説是城開不夜，江九記伴有雞鵝鴨的七彩光管招牌，整夜閃個不停。

説到最著名的燒味檔，當數位於興隆街余仁生藥行旁的楚記，其燒肉以至掛爐鴨等，品質上乘。筆者以往工作的機構不時前往光顧以作晚飯「加料」。

香港人喜愛之雲吞麵，馳名檔口除機利文街的朵記外，還有廣源西街的鋭記，以及樓梯街的佳記（伊利近街民園的前身）等。還有一檔位於旺角渡船街者，味道佳美之外，亦提供瓶裝酸瓜粒讓食客任意取食，並不多見。

▲ 政府頒發熟食牌照予小販的告示，1946年。

A notice of the government issuing cooked food license to hawkers, 1946.

▶ 在上環林士街至摩利臣街之間新填地（平民夜總會）的各類攤檔和食檔，約 1970年。港澳碼頭及信德中心 1980 年代在此興建。

Different kinds of stalls and food stalls on the newly-reclaimed land (known as Poor Man's Nightclub) between Rumsey Street and Morrison Street, c.1970. Hong Kong Macao Ferry Terminal and Shun Tak Centre are built in the area in the 1980s.

▼ 深水埗桂林街的一列大牌檔，約 1955 年。

Dai Pai Dong on Kweilin Street, Sham Shui Po, c. 1955.

筆者亦喜愛潮式的牛雜及牛丸，美味的牛雜有吉士笠街的水記、西營盤水街的一兩檔，以及灣仔柯布連道的兩三檔。此外，還有油麻地吳松街的潮連盛及潮全盛等。至於牛丸佳品者，則有廣東道近北京道的德發，以及吳松街和白加士街的若干檔，亦可見部分檔口即席用手打或機器製作牛丸。

　　説到潮州食品，還有各式的「打冷」檔，據案大嚼，或一個人「踎」大牌檔，品嚐鹵水鵝肉、鵝頭、掌翼、鵝肝腎、鵝腸，還有酸菜魚、「大眼雞」剝皮魚及韭菜豬紅等，配以潮州白粥或啤酒，無以上之。

　　曾試過的「打冷」大牌檔，有位於西區、中環、灣仔以至北角者，而九龍則由油麻地至深水埗皆有開設。最常光顧的是位於灣仔同德大押前的一兩檔，舉家坐於馬師道的行人路甚至馬路旁，車輛擦身而過亦無暇兼顧。

　　還記得於 70 年代，筆者登山涉水旅行一整天後，身心俱疲，會與多名行友於旺角一「打冷」大牌檔邊食邊談，「有骨落地」、「飲飽食醉」，還加上一反沙芋甜品，心滿意足，整天勞頓，一掃而空。

　　説到甜品，中西區的老街坊一定難以忘懷。「卅間」（士丹頓街）的警察宿舍（現 PMQ）旁、中和里前的兩檔糖水，當中接近地下女廁入口的一檔，以杏仁茶馳名；另一檔則位於現盂蘭勝會辦事處前，以芝麻糊、海帶綠豆水、麥米粥、紅、綠豆沙等取勝。在 1970 年代初，筆者與三數友好各自吃一兩碗糖水，加一碟糖不甩，花數角錢便可獲得一甜美而無拘無束的享受。當時，在這裏吃糖水者，還有警務人員及其家屬友好，部分人士後來成為港府官員。

　　該甜品檔約於 1980 年遷往伊利近街，即為現時的玉葉甜品。

第七章

食肆絕品美食

一

以下大部分為 50 至 60 年代，若干位「揀飲擇食」之老闆和食家所提供的美食資料，當中不少為令人垂涎三尺者。

順記雪糕

順記於和平後在雲咸街 10 號開業。多位美食家，包括一位高等法院大法官，皆「裁定」其雪糕為全港最佳。

京華酒家 — 太極鴛鴦飯

京華酒家位於舊娛樂戲院二樓和三樓，有別於 1966 年在萬年大廈的京華酒樓。鴛鴦飯採用新鮮雞肉和蝦碎，令人一試難忘。

由摩利臣街東望皇后大道中，約 1938 年。正中為位於樓梯街旁的江蘇酒家。左方位於皇后大道中 325 號的店舖曾為著名酒樓杏花樓。

Queen's Road Central, looking east from Morrison Street, c. 1938. Kong So Restaurant is in the middle. The building on 325 Queen's Road Central on the left is where the former Hang Fa Lau Restaurant located.

▼ 位於娛樂戲院大廈二至三樓的京華飯店開張廣告，1949 年 1 月 23 日。

An advertisement of the opening of Capital Restaurant in King's Theatre Building, 23 January 1949.

◀ 由戲院里望向皇后大道中與德己立街交界的娛樂戲院，約 1952 年。大廈的二、三樓為京華飯店。

King's Theatre at the intersection of Queen's Road Central and D'Aguilar Street, looking from Theatre Lane, c. 1952. Capital Restaurant is on the second and third floors of the building.

樂香園咖啡室 — 飲品、雞批、烘賓（bun）

1970 年，用 1.1 元可試遍上述三種妙品。這家位於戲院里畢打行地下的咖啡室，為中環上班一族的「蛇竇」，名聞遐邇。

建國酒家 — 豬膶燒賣

建國酒家位於皇后大道中中華百貨公司六樓。燒賣用黃沙膶和鮮豬肉調製，當時無出其右。

鏞記酒家 — 斑腩飯

鏞記酒家位於砵典乍街 30 號 A。1950 年代中後期，對於採用新鮮生劏游水石斑烹製的碟頭飯，每碟為 7 元，一位老闆級食家說「價格雖貴，但值得」，而且供應有限，不時向隅。

襟江酒家 — 玻璃蝦球

襟江酒家位於威靈頓街 117 號，1981 年轉變為第二代蓮香。新鮮蝦球經過「氽水」（又稱「飛水」，即在沸水中先泡過才調製），入口爽脆，蝦味濃郁。

襟江及鑽石酒家 — 椰汁官燕

兩家酒家皆屬同一東主，採用上等燕窩烹製。1960 年代，每窩椰汁官燕可供 12 位用，清潤可口，索價 150 元。當年中上等筵席每席亦為 150 元。

夫妻檔牛腩粉麵

在利源西街微弱街燈下營業，每碗 5 毫。其炆牛腩與九記的清湯腩，各具不同風味。

紅寶石餐廳 — 燒春雞

紅寶石餐廳於 1957 年在剛落成的萬宜大廈開業，逢星期六舉辦古典音樂會。當時燒春雞每隻售 8 元。

▲ 以北京菜及童子雞馳名的美利堅（仙洲）餐室開業廣告，1947 年 12 月 1 日。

An advertisement of the opening of American Restaurant, 1 December 1947. The restaurant is famous for its Peking dishes and spring chicken.

American Restaurant

荣京 **(PEKING FOOD)**

鶏 Chicken

		Small	Medium	Large
22	Fried Chicken Cuts Eight Pieces .... 炸八塊鶏	$	$	$15.-
23	Roast Spring Chicken .... 燒童子鶏	"	"	" 5.-
24	Diced Chicken with Chili Sauce .... 公保鶏丁	" 7.40	" 9.80	" 12.40

豬肉 Pork

69	Fried Sliced Pork with Brown Sauce ..... 醬爆肉	" 5.40	" 7.80	" 10.40
70	Fried Shredded Pork with Egg's ..... 木須肉	" 4.80	" 6.80	" 8.80
71	Diced Pork with Chili Sauce ..... 公保肉丁	" 7.40	" 9.80	" 12.40
72	Fried Shredded Pork with Brown Sauce .... 醬拖肉絲	" 7.40	" 9.80	" 12.40
73	Fried Shredded Pork with Green Pepper ..... 青椒肉絲	" 5.40	" 7.80	" 10.40
83	Deep Fried Leam Pork .... 清炸里脊	" 7.-	" 9.50	" 12.-
84	Sweet-Sous Pork .... 糖醋里脊	" 7.-	" 9.50	" 12.-
85	Fried Egg Rolls .... 炸春段	"	" 9.50	" 12.-

點心 Pastry

163	Onion Cake .... 葱油餅	$ 6.-
164	Slice Roll .... 銀絲捲	" 7.-
165	Fried Fresh Meat Cake .... 鮮肉鍋貼	" 2.40
166	Minced Pork Dumplings (Boiled) .... 鮮肉水餃	" 2.-
167	Pork and Green Vegetable Buns .... 菜肉飽	" 3.40
168	Fried Spring Rolls .... 炸春捲	" 2.40

甜品 Dessert

		Medium	Large
180	Mashed Sweet Bean Cake .... 豆沙鍋餅	$	$4.20
181	Toffee Banana .... 拔絲香蕉	" 4.80	" 5.80
182	Toffee Apples .... 拔絲蘋菓	" 4.80	" 5.80

▲ 美利堅飯店的（京菜）菜單及價格，1974 年。

Menu and price list of Peking cuisine of American Restaurant, 1974.

Fung Shing
RESTAURANT

海鮮　Sea-Food

113.	Fried Macao Sole Fish Ball with Vegetable	著名菜胆龍腸球	18.00
114.	Fried Macao Sole Fish Ball with Bamboo Shoots...	冬筍龍腸球	18.00

蝦蟹　Prawn & Crab

132.	Fried Prawn on Toast	名酒窩貼大明蝦	14.00
133.	Fried Stuffed Prawn with Pate do Foie on Toast...	西焗千層蝦	15.00
142.	Fried Shrimps with Tomato Sauce	茄汁滑蝦仁	12.00
143.	Noisette Shrimps	油泡鮮蝦仁	12.00
144.	Fried Shrimps with Walnut...	合桃炒蝦仁	12.00
146.	Fried Shrimps with Chestnut	腰棗炒蝦仁	12.00

豬肉　Pork

174.	Barbecue Pork & Chicken Liver	著名鳳肝金錢雞	12.00
175.	Sweet and Sour Pork	酸菜咕嚕肉	12.00
176.	Fried Pork Rib with Chili & Bean Sauce	豉椒炒肉排	12.00
179.	Steamed Pork Rib in Apricot Sauce...	梅子蒸肉排	12.00

雜類　Miscellaneous Dishes

240.	Braised Dry-Conch with Garlic...	蒜子瑤柱甫餉定	seasonal
241.	Miced Quail Meat with Lettuce	著名菜片鵪鶉崧	20.00
242.	Fried Quail Balls with Vegetable	菜胆鵪鶉甫	20.00

飯類　碟計　Rice

316.	Fried Rice "Yeung Chou Style"...	著名楊州炒飯	5.30
317.	Fried Rice with Grab Meat	蟹肉炒飯	5.30

▲　位於銅鑼灣伊榮街的鳳城酒家的菜單及價格，1974 年。

Menu and price list of Fung Shing Restaurant on Irving Street, Causeway Bay, 1974.

JADE GARDEN RESTAURANT

Roasted Food 明爐燒烤

蜜 汁 义 燒	Barbecued Pork	H.K.$9.00 (Per Plate)
桶 子 油 鷄	Soyed Chicken	9.00
白 切 肥 鷄	Cold Steamed Chicken	9.00
明 爐 燒 鵝	Roasted Goose	9.00

Vegetables in Season 時 蔬 類

脆 皮 炸 鮮 奶	Fried Fresh Milk	H.K.$ 9.00
蟹 肉 扒 時 蔬	Crab Meat with Vegetables	12.00
蠔 皇 菜 胆	Cabbage with Oyster Sauce	10.00
會 羅 漢 齋	Stewed Mixed Vegetables	10.00

Thick Soup 濃 湯 類

鷄 蓉 粟 米 羹	Minced Chicken & Sweet Corn Soup	H.K.$ 7.00
鮮 蝦 豆 腐 羹	Shrimps & Bean Curd Soup.....	10.00

Congee (Paterson Street only)

1. Jade Garden Special (mixed pork meat)	....	$ 3.50
2. Pork and thousand-year-old egg	....	3.50
3. Sliced fresh-water fish	....	3.50
4. Abalone and chicken	....	6.00
5. Shrimp	....	6.00

▲ 位於尖沙咀星光行星光邨及銅鑼灣百德新街的翠園酒家的菜單，1974 年。

Menus of Jade Garden Restaurant in Harbour Village, Star House, Tsim Sha Tsui and Peterson Street, Causeway Bay, 1974.

SEA FOOD 海·鮮·類

30 白灼螺片	Sliced Whelk Saute & Shrimp Sauce		Seasonal
31 白灼中蝦	Steamed Shrimp		Seasonal
32 鹽焗中蝦	Baked Shrimp with Salt		Seasonal
39 羌葱焗蟹	Baked Crab with Onion & Ginger		Seasonal
40 豉汁焗蟹	Baked Crab with Bean Sauce		Seasonal
58 四川蝦仁	Fried Shrimp in Szechuen Style		18.00

CHICKEN 鷄 類

105 紙包鷄	Fried Sliced Chicken Wrapped with Paper	18.00	36.00
106 瑞士焗鷄	Baked Chicken with Mixed Sauce	16.00	32.00
107 豆豉鷄	Baked Chicken with Bean Sauce	16.00	32.00

PORK 猪 肉 類

160 京都排骨	Braised Pig Rib with Mixed Sauce	7.00
162 豉汁炆肉排	Braised Pig Rib with Bean Sauce	7.00
164 生炒排骨	Fried Pig Rib with Sweet & Sour Sauce	7.00
170 咸旦蒸肉餅	Steamed Minced Pork & Salted Egg	7.00

BEAN CURD 豆 腐 類

191 炸滑豆腐	Fried Bean Curd	6.00
192 紅炆釀豆腐	Stewed Stuffed Bean Curd	6.00
193 豉油蒸釀豆腐	Steamed Stuffed Bean Curd with Soy	6.00

▲ 位於港島銅鑼灣禮頓道 20 號、九龍尖沙咀加連威老道 66 號，以及新界沙田墟的楓林小館餐廳的菜單，1974 年。

Menus of Fung Lum Restaurant on 20 Leighton Road, Causeway Bay, 66 Granville Road, Tsim Sha Tsui and Shatin New Town, 1974.

第一茶樓 — 酥骨鰽魚、鱆魚雞粒飯

第一茶樓位於德輔道中 103 號的第一代地址（現恒生銀行西鄰）。酥骨鰽魚現時幾成絕唱。

楚記 — 燒肉、燒味

位於興隆街口近皇后大道中的大牌檔楚記，一如其斜對面的華豐，於 1950 年代已有輪購人龍。

蓮香茶樓 — 叉燒飯

第一代蓮香茶樓位於皇后大道中 136 號。選用手燒「柳梅」豬肉烹製。於 1950 年代，每碗白飯蓋上兩塊「免切」叉燒，售 8 毫。

國民海鮮酒家 — 花錦大鱔王

國民海鮮酒家位於禧利街 33 號近皇后大道中的中央戲院。1964 年一份鱔肉約一斤多，可供一桌 12 人酒席用，售 150 元。每份鱔頭則為 200 元，而當年上等酒席每圍亦為 200 元。因鱔頭十分吃香，最先被人認訂，相信是詞語「認頭」的由來。

春源酒家 — 花錦鱔王

春源酒家位於永樂東街 40 號、香港商報西鄰（現為地鐵出入口），亦以鱔王馳名。1960 年代每一位客人的大鱔食譜消費為 40 元。

得雲茶樓 — 老婆餅

用熱櫃烘着，鬆化柔軟，十分可口。每個售 3 毫。

陳意齋 ── 蝦子扎蹄、燕窩糕、椰蓉酥、雀肉酥、盲公餅、牛肉脯等

陳意齋位於皇后大道中 219 號近孖沙街。曾數度遷舖，現時食品水準仍能維持。

謝潤記 ── 桂花蟬、和味龍虱、小食

謝潤記位於皇后大道中 176 號 C 何東行。龍虱（水甲由）相傳能「補腎」而受到部分男士歡迎；桂花蟬則為女士喜愛的食品，還有牛肉乾及各種零食。其所在一帶現為陳意齋的新址。

▼ 由吳松街望向佐敦道，約 1952 年。左方為以點心小菜著名的豪華茶廳。

Jordan Road, looking from Woosung Street, c. 1952. Hoover Teahouse, famous for its dishes and dim sum, is on the left.

▲ 得雲茶樓的老婆餅廣告，1950 年代。

An advertisement of laopo (wife) cake by Tak Wan Teahouse, 1950s.

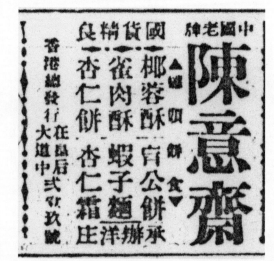

▲ 陳意齋早期的廣告，1939 年 11 月 22 日。

An advertisement of Chan Yee Jai, 22 November 1939.

◀ 位於灣仔駱克道 113 號的上海飯店的大閘蟹廣告，1949 年。

A hairy crab advertisement of Shanghai Restaurant, on 113 Lockhart Road, 1949.

▲ 位於灣仔軒尼詩道 95 號的平津何倫會賓樓酒家開幕廣告，1949 年 10 月 31 日。

An advertisement of the opening of Ho Lun Peking and Tin Tsin Wui Bun Lau Restaurant, on 95 Hennessy Road, 31 October 1949.

一品香菜館 上海

鐵定開幕

國曆五月十五日

幕開定鐵

特聘名廚
包辦筵席
經濟時菜
湯飽焗餅
鬃蛋黃餅
生煎飯頭
各式麵食
諸君光臨
無任歡迎

地址
九龍城
獅子石道
二十號

▲ 位於九龍城獅子石道 20 號的一品香菜館開業廣告，1949 年 5 月 15 日。

An advertisement of the opening of Yi Pin Heung Restaurant, on 20 Lion Rock Road, Kowloon City, 15 May 1949.

▼ 位於深水埗大埔道 74 號的小洞天餐廳開業廣告，1950 年 5 月 31 日。

An advertisement of the opening of Siu Dong Tin Restaurant, on 74 Tai Po Road, Sham Shui Po, 31 May 1950.

小洞天餐廳

……神仙的環境……　……藍色的天堂……

價廉味美
正宗川菜
附設

天飽
特價每只二毫

鷄蝦肉

肥嫩滑
特價每碟二七毫元

市師鷄

訂價公道

雲吞點麵

什錦滷味

豐盛粵菜

本館經理五各式菜點准於五月三十一日開始
光臨無任歡迎

電話 59141．　大號士巴連真士門口　九龍大埔道七十四號　營業時間每日上午七時至下午十二時

▲ 位於油麻地西貢街 19 號的中英客家菜飯店廣告，1952 年 1 月 1 日。

中英大飯店

港馳名　始創老號

一週年紀念

●今日菜水免費並大送生菜●

客家名菜

實際作風

鹽焗鷄 古法泡製

補身鬃頭

地址
（九龍油麻地西貢街左便橫巷）十九號

恭賀新禧
中英大飯店全人同賀

An advertisement of Chung Ying Hakka Restaurant, on 19 Saigon Street, Yau Ma Tei, 1 January 1952.

三興 — 及第粥、魚生粥

三興位於德輔道中 291 號，原為新國民餐廳。粥品用料上乘，1964 年每碗售 1 元。

雙喜樓（小館）— 豉油雞、蒸魚、生炒鱸魚球米

雙喜樓位於莊士敦道 110 號雙喜茶樓樓下，1960 年代中開業，是食家勝地。由其主管馮超推介的無論是紅斑還是芝蔴斑，從未令食客失望。1997 年，該食館遷往謝斐道近分域街，但卻不能維持以往的風格，不久便結業了。

新亞怪魚酒家 — 蒸紅斑和三刀魚

新亞怪魚酒家位於菲林明道 14 號。1950 年代中，上述海魚每両售 6、7 毫。而供酒席用的紅斑要重一斤半才合適。新亞是最早設有科學魚池的酒家之一。其二、三樓外牆繪有泅水銅人及多種魚類的壁畫，為著名地標。

悅來飯店 — 香妃雞、白果豬肚腐竹湯

悅來飯店位於灣仔道近莊士敦道。1990 年代改作小祇園素食店。

大三元酒家 — 魚翅、炸子雞

大三元酒家位於軒尼詩道與堅拿道西交界。用筷子夾起炸子雞時，不但皮脆，且與肉呈分離狀態，味道絕佳。

益新飯店 ── 鬼馬（油炸鬼及馬蹄）炒牛肉、椒鹽中蝦

益新飯店位於軒尼詩道大三元酒家背後。約 1970 年，鮮美中蝦每斤售 30 元。

陳容記士多 ── 鹵水鮑魚

陳容記士多位於高士威道近信德街大坑豪宅區毗鄰。五、六十年代，每隻鮑魚售數元，為受歡迎的零食。一位著名食家「秀官」形容其為廉價極品之一，而另一極品是屈臣氏沙示汽水。

▼ 銅鑼灣高士威道，約 1970 年。右下方為鮑魚名店陳容記士多。

Causeway Road, Causeway Bay, c. 1970. A famous abalone shop, Chan Yung Kee store, is on the lower right.

香港仔大道上的兩家著名食肆：晨光茶樓（左）及珊瑚酒家（右），約 1965 年。

Famous restaurants on Aberdeen Main Road, including Sun Kwong Teahouse (left) and Coral Restaurant (right), c. 1965.

位於灣仔茂羅街 91 號的有仔記酒家，2002 年。

Yau Chai Kee Restaurant on 91 Mollary Street, Wan Chai, 2002.

以美食馳譽的灣仔六國飯店，1986 年。

Luk Kwok Hotel, Wan Chai, 1986.

雲吞麵

早於 1925 年，安樂園飲冰室已供應雲吞麵。

1930 年，雲吞麵以廣州市舊藩司前及十八甫一帶的店舖及檔口所售者為著名。當年，九龍城區西貢道（現太子道東）及啟義道一帶亦有不少雲吞麵檔。

和平後，著名的雲吞麵店除大牌檔歪記外，還有麥文記、何洪記、麥銳記及永華等多間。

▼（右下）1930 年 3 月 4 日，位於九龍城西貢道及啟義道一帶的雲吞麵舖（檔）的搬遷通告。

Removal notice of wun tun noodle stalls on Kai Yee Road and Sai Kung Road, Kowloon City, 4 April 1930.

禾蟲

　　1922 年，有兩人在永樂街帶有兩木盤禾蟲，意圖出售被拘，官判各被罰 10 元。

　　1950 年代初，不少食肆暗地裏供應禾蟲予熟客，用油炸鬼、蒜頭、欖角、雞蛋及芫茜等材料，以砵仔焗製，一如焗魚腸，但味道更勝一籌。

　　禾蟲尤其為女士所喜愛，吃後念念不忘，因而有「女人狗肉」之別稱。俗語有「夫死夫還在，禾蟲過造恨唔番」，足以形容女士深愛禾蟲的程度。當時，禾蟲被視為不潔食物，故遭當局禁售。但於每晚黃昏後，不少人用面盆盛載游水的禾蟲（部分來自沒有實施禁售的澳門），在干諾道中永安公司東鄰、「船頭官」（海事署）前的「騎樓底」行人道上偷偷地售賣，生意不俗，但不時要「走鬼」（逃避警察追捕）。市面亦有禾蟲酒、禾蟲乾以及黃色的禾蟲糕出售。

▼ 位於干諾道中與林士街交界的「船頭官」（海事處）大樓，1981 年。在 50 年代，曾有小販在大樓騎樓底行人道上非法出售禾蟲。（圖片由何其銳先生提供。）

Marine Department Building, at the intersection of Connaught Road Central and Rumsey Street, 1981. In the 1950s, there were illegal hawkers selling paddy-field worms on the pedestrian walkway under the balcony of the building.

第八章

街頭小食

一

1954 年 3 月 2 日，報載近來大牌檔大增，一般佔去馬路三分之一面積，只有 三分之二供汽車行駛，加上無數的細熟食攤檔，影響交通。

當局陸續加以管制，到了 1965 年，大牌檔小販向港督請願，希望警方及市政局落實「兩柏八椅」的政策。

1954 年 4 月 12 日，灣仔春園街與交加街交界公廁旁一帶，大細牌檔林立，所供應的食品有：紅炆斑頭、咖喱牛腩、蘿蔔鮮魷、鹹菜炒蜆等，每碟售 1 至 2 毫。雜會齋則 5 仙有交易。

此外，售 1、2 毫的菜式還有：大魚、雜菜蝦米、椒醬肉、豆腐煮魚、芽菜炒牛肉，還有下酒品的紅炆豬腳及鹵水鵝腸。

1 元可選上述的「九大簋」菜式多款。

▲ 位於灣仔區的食檔，約 1900 年。

Food stalls in Wan Chai district, c. 1900.

▼ 跑馬地馬場露天餐廳的女顧客，約 1915 年。

Female customers of an outdoor restaurant in the Happy Valley racecourse, c. 1915.

AL FRESCO RESTAURANT
RACE COURSE HONGKONG

▲ 街頭食檔的小販與食客，約 1925 年。

Street food stall hawker and customers, c. 1925.

▼ 售賣蓮子百合紅豆沙等糖水的小販，約 1928 年。圖中可見牌照號碼 7020。

Sweet soup hawker, with licence number 7020, c. 1928.

以下為盛行於 1940 至 1960 年代的街頭小食：

花生

多於碼頭、戲院門前或大戲院內販賣，以方便小輪乘客和粵劇觀眾「剝花生」。

最為人所知的是「花生桂」的故事。約 1910 年，這位「桂姐」原為塘西名妓，是「燒銀紙煲綠豆沙」的主角，膾炙人口。1935 年禁娼後，生活潦倒，淪落至於中環結志街及荷李活道一帶的私寨（非法妓院）賣花生。日據期間的 1942 年 5 月 21 日至 23 日的《華僑日報》刊載，她曾於數年前接受該報訪問，說出真相。實際上，她先焚燒了近十張滙豐銀行的 1 元鈔票，着一名追求她的「大少」跟着焚燒以煲綠豆沙，最後，該「大少」知難而退，而相傳了數十年的「軼事」真相揭露，綠豆沙始終煲不成。

除了脆花生外，還有用滾水「焓」的「焓淋白肉」花生。1950 年代每包約 20 顆，售 1 毫。當年的知名花生店舖有荷李活道五桂坊旁的廣茂香，及文武廟對面的拾記。另一受歡迎的品種為可用作送酒的「南乳肉」。

番薯、芋頭、菱角

亦是用爐火烘熱水「焓」，番薯每小個售 1 毫，分有紫、黃及白心，還有芋頭和菱角，一般蘸豉油或砂糖進食。

鹹酸檔

多數位於街頭及戲院旁，果菜類包括芥菜、沙葛、青蘿蔔、白蘿蔔、青瓜、黃瓜、青椒、木瓜、李子等。但最多人青睞的是酸薑和蕎頭，當時流行用「酸薑蕎」這

銀紙煲豆沙之花生桂（三）

▲ 「銀紙煲綠豆沙」的花生
桂之訪記，1942 年 5
月 23 日《華僑日報》。

Press interview of Ms.
Kwai (a prostitute)
about cooking sweet
soup by burning
banknotes, Wah Kiu
Yat Po, 23 May 1942.

句歇後語來形容人頭，亦會用竹籤串連多片酸薑出售，吃完即順手拋棄，因而有用「酸薑竹」來形容始亂終棄的薄倖郎，與上海的「牙籤大少」意義相同。亦有用紙袋包裝的「雜錦」鹹酸瓜菜出售，一般稱為「垃圾」。

烘或煨番薯

味道和價格都比焓番薯「高檔」得多，小販多為「外江佬」（外省人）。一般將大批番薯置於一個大火油桶內煨烘至薯皮脫離，糖漿溢出，秤重計價出售，較諸用水「焓」的貴兩、三倍。

油炸糭、蟹、蠔及各種油器

還有魷魚鬚、蘿蔔絲酥餅盒、芋蝦（芋頭絲蘸麵漿落鑊）等，售價由 1 毫至 3、4 毫不等。亦有用紅泥炭爐烤或煨魷魚或鬚者，多於秋冬時令出售。

豬紅、豬皮、魷魚、豬大腸麵（有部分檔口專賣牛雜）

以車仔檔式，在各街角以至徙置區內經營，1 毫有交易，深受街坊及學生歡迎。亦有販售蜆殼粉、「粉仔」配以冬菜粒、蝦米、肉碎及豬油渣等，風味亦不俗。

▲ 已領牌照的街頭蔗檔及水果檔，1930 年代。

Licenced sugar cane and fruit stalls, 1930s.

▼ 跑馬地馬場旁售賣冷飲及熱茶的攤檔，約 1930 年。

A cold drink and hot tea stall near the Happy Valley racecourse, c. 1930.

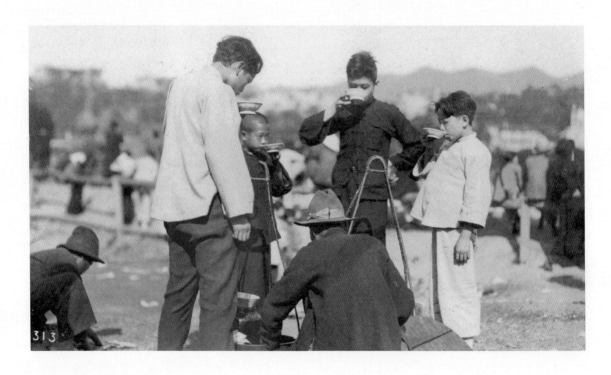

▲ 位於油麻地榕樹頭廣場的豆腐攤檔，約 1930 年。

Bean curd stall in Public Square, Yau Ma Tei, c. 1930.

▼ 糖砂炒栗子及煨番薯檔，2006 年。

Sugar-sand stir-fried chestnut and roasted sweet potato stall, 2006.

煎釀三寶

　　流動手推車上放置一大平底鑊，煎炸鯪魚肉及釀有鯪魚肉的青紅椒、茄子和豆腐等，新鮮熱辣，十分惹味，逐漸演變成「煎釀三寶」。相若出品還有「外江佬」製作的「臭豆腐」。

臭豆腐

　　有不少臭豆腐小販位於北角、九龍城及紅磡等地，是迎合日益眾多的外省及上海人。相傳有若干外省大亨因「炒爛」黃金，而淪落於街頭賣臭豆腐或油條、豆漿以維生。

夾餅（又名「潮州冷糕」）

　　小販將麵漿傾落一直徑約 12 吋的鐵盤上，合上盤蓋，在爐火上反覆燒烘。熟透後，將夾餅挑出，在一半餅上鋪以砂糖及花生碎，將另一半疊蓋，切開八塊售賣，每塊 5 仙，整「底」（個）夾餅則售 4 毫。類似的製作，是兒童喜愛、現時仍十分流行的「雞蛋仔」。

糖葱餅

　　用包「片皮鴨」的薄餅包着一片硬糖和椰絲（很多時是沒有葱者）出售，五、六十年代每塊售 5 仙，味道亦不俗。

手挽籃盛載的鹵味

　　多於戲院前販賣，以便觀眾入場進食，多為弄至橙紅色的魷魚、墨魚、雞腳、鴨腎、豬大腸、生腸，以至切片鮑魚等，賣相令人垂涎。配以甜、辣及芥醬，令人不能停口而陸續大破慳囊。

◀ 街頭食檔及食客，約 1920 年。

Street food stall and customers,
c. 1920.

▶ 位於皇后大道西與水坑口街
交界的食物及水果攤檔，約
1953 年。右方亦有三、四
檔售賣「餿水」（餘餕）者。

Food and fruit stalls at the
intersection of Queen's
Road West and Possession
Street, c. 1953.

▲ 位於廣東道旺角街市附近的攤檔及大牌檔，約 1960 年。

Stalls and Dai Pai Dong on Canton Road, near Mong Kok Market, c. 1960.

鹽焗蛋

用炭火烘着堆滿白鹽的鐵鑊、埋着雞蛋及鵪鶉蛋，亦有兼售雞翼和雞髀者。1960年代中，雞蛋售3毫，鵪鶉蛋售1毫。當年，一名在上環「百步梯」（歌賦街尾段）及上環「新填地」「平民夜總會」日夜輪流擺賣的鹽焗蛋小販「九江關」，因1毫找贖與客人爭拗而遭刺斃。為1毫賠掉性命，死得不值。

糖砂炒栗子

每屆秋涼，這些檔口便會在街頭出現，多以「和記天津良鄉栗」作標榜。小販將栗子放在盛有石粒和砂糖、猛火焙烘的大鑊上，起勁地炒，直到香氣四溢。炒栗子曾經實行「自動化」，用滾動如田螺殼的自動機器烘炒，但不如鑊炒的風味而遭淘汰。除栗子外，亦會炒白果及一種形似小栗子的「桂林椎」。

▶ 位於油麻地廟街的東風螺食檔，約1970年。

Babylon Shells stalls on Temple Street, Yau Ma Tei, c. 1970.

◀ 位於灣仔太原街與莊士敦道交界的水果檔及食檔，約1965年。右方為雙喜茶樓。

Fruit and food stalls at the intersection of Tai Yuen Street and Johnston Road, c. 1965. Sheung Hei Teahouse is on the right.

▲ 位於西環堅尼地城的臭豆腐檔，約 2000 年。

Stinky bean curd stall in Kennedy Town, c. 2000.

▼ 位於牛頭角的臭豆腐檔，2010 年。

Stinky bean curd stall in Ngau Tau Kok, 2010.

砵仔（其實是「碗仔」）糕

分為白糖及黃糖兩種，用木桶載着販賣。中心有幾粒紅豆，每件售 1 毫，用幼竹籤從碗仔挑出奉客。

白糖糕、倫教糕

兩者皆具鄉土風味。小販手持一倒置的竹「罩厘」，上面滿鋪片狀的糕，用玻璃紙蓋着，沿街叫賣。白糖糕要略帶酸味才及格。

麥芽糖

挑懸一小鐵箱，內藏麥芽糖及梳打餅，在街頭販賣，或上門「洗樓」，售賣餅乾夾麥芽糖，或用以換取空樽、舊物及「爛銅爛鐵」等，一如「收賣佬」。碰到貴重物品如手錶或爛金牙等，則用現金「搭夠」。這是五、六十年代的舊唐樓風情。亦有小孩因「為食」而將父母的寶物換掉。

飛機欖

小販手持結他，沿街輕歌自彈自唱，若有人從樓上投下 1 毫硬幣，便從掛於胸前的「舖頭」（欖狀的鐵箱）掏出一份有三枚的紙包甘草或辣椒欖，向上投擲，百發百中，三、四層唐樓也難不到他（亦有報販用此方式派報紙）。不過，時至今日，新建樓宇動輒三、四十層高，更高超的專家亦「無所施其技」了。

叮叮糖（或稱啄啄糖，正式發音應為「duan duan 糖」）

盛行於 50 至 70 年代。小販亦是胸懸白鐵盤，載有兩三大片不同味道的硬糖，「有辣有唔辣」，用小鎚及鑿將硬糖敲擊成碎片放入小紙袋出售。其吸引顧客的叮叮敲擊聲亦為其名稱的源起。

糖公仔

　　有流動亦有固定檔口。小販用糖漿及麥芽糖，製成各種人像或動物，然後附於一竹竿上，一如麵粉公仔。造型有壽星公、豬八戒、老鼠偷油及葫蘆等，維肖維妙，兒童玩厭後可當糖果吃掉。

涼粉、豆腐花、湯丸及糖不甩

　　多見於街角的小食檔。夏天賣涼粉（50 年代後當局以不潔為由禁售）和豆腐花，冬天則改賣湯丸及糖不甩。大碗 1 毫，細碗 5 仙。大碗有湯丸或糖不甩八粒，小碗減半。

畢街綠豆沙

　　1960 年代，於孖沙街金銀貿易場對面畢街的一靠牆檔口，檔主為一高胖婦人。煲綠豆沙的鐵桶高度一如小孩，配有湘蓮的綠豆沙每碗 3 毫，比一般售 1 毫者貴兩倍，但味道證明物有所值。下午 4 時未到便售罄，比金銀貿易場 4 時半收市更早。

泥鯭粥

　　位於結志街源源酒家對面，由兩位婆婆用木箱及櫈仔擺設而成的小檔。泥鯭拆肉配以冬菜粒及葱粒，味道鮮美。此外，亦有若干泥鯭粥檔位於「海皮」（海傍）干諾道中一帶，因有一兩處糞渠出海口，泥鯭雲集，小販「即捕即劏」，即興泡製成泥鯭粥，「心水清」的食客，應有「別是一般滋味在心頭」的聯想。

生淥魚片粥（1990 年代）

　　於嘉咸街與威靈頓街交界，每晚 8 時開始，在一已「收檔」之水果檔枱面，放上十多隻大碗，檔主逐一放入碎牛肉、鮮剝鯇魚片、炸花生、薑葱等，然後用大勺續碗澆上滾粥，圍候的食客便爭相奪取。當年每碗售 8 元，可算「抵食」。

▲　街邊麵檔，約 1975 年。

A noodle stall on the roadside, c. 1975.

▲ 街邊食檔，約 1972 年。

A food stall on the roadside, c. 1972.

▼ 街邊「雞蛋仔」及小食檔，約 1990 年。

Egg waffle and snack stall, c. 1990.

▶ 飛機欖檔，2002 年。

Aeroplane olive stall, 2002.

▶ 位於中環永吉街的檸檬王檔位，2005 年。

Stall of "Lemon King", Wing Kut Street, Central, 2005.

第九章　燒臘

一

　　自香港開埠時的 1840 年代起，已陸續有燒臘店和攤檔在各街市旁的街巷開設，包括中西區的皇后大道、荷李活道，灣仔區的交加街及灣仔道等。亦有晏店 (在早茶與午飯之間提供飯食) 和燒臘檔口。

　　1909 年的報章中已見位於皇后大道西 1 號老牌燒臘店「有記合」的廣告。店舖所在的該座樓宇現仍原封不動地被保留下來。

　　1910 年代，在石塘咀風月區有一家以掛爐鴨馳名的珍昌酒家，以及一家吳蘇記燒臘名店。不少在妓院與妓女作「打水圍」茶敍的恩客，亦喜品嚐燒味。一些「坐冷板櫈」(無客人相召) 的「籮底橙」妓女，則會自購「拍床拍蓆」(鴨頭鴨翼的諧音) 在冷巷消夜，形單影隻，頗為淒涼。

　　當時，已有一家位於上環的光華軒棧，辦運「罐頭油浸南安臘鴨」往金山 (美國) 各埠。

▲ 位於上環皇后大道西 1 號水坑口對面的有記合燒臘店的廣告，1909 年 3 月 24 日。

An advertisement of Yau Kee Hop roasted and preserved meat shop, on 1 Queen's Road West, Sheung Wan, 24 March 1909.

▲ 由皇后大道西東望皇后大道中，
約 1935 年。左方為有記合。其
當時所在的樓宇現仍存在。

Queen's Road Central, looking
east from Queen's Road West,
c. 1935. The building on the left,
where Yau Kee Hop roasted and
preserved meat shop situated, is
still exist.

▶ 位於皇后大道西 1 號有記合燒臘
店的樓宇，1989 年。

The building on 1 Queen's
Road West, where Yau Kee Hop
roasted and preserved meat
shop was situated, 1989.

1920 年代，文咸東街的連盛燒臘店，兼售順德縣的酥皮月餅。後來，包括華豐等燒臘店，亦出售自製月餅。

1924 年，金菊園燒臘家在文咸東街 99 號開張。稍後，其分店陸續於永樂街 44 號、皇后大道中 116 號、北角英皇道、油麻地上海街及旺角彌敦道開設。

1931 年，廣州臘味家在皇后大道中 106 號開設，稍後遷往同街 120 號。當時，在德輔道西 18 號亦有一家以脆皮燒鵝享譽的公園酒家。同年，有一家九如臘味家於西營盤開張。及至 1980 年代，亦有一家同名的燒臘店位於皇后大道西近正街。

二戰前後，上環皇后大道西與南北行街之間的「潮州巷」（香馨里）有若干經營鹵水鵝等食品的店舖及檔位，部分後來成為名店。著名的鏞記酒家於 1942 年淪陷期間開業時，僅是位於廣源西街（現中遠大廈所在）一個以售賣燒鵝為主的檔口。

1930 年代，南北行商號多會在農曆七月盂蘭節燒衣時，在樓上進行「拋三牲」（即燒肉、鵝及鴨等）及拋撒銀幣及銅幣的「施孤」善舉，供貧苦大眾拾取。

1934 年，臘味業以外銷為主，但當年美洲及菲律賓禁止入口，南洋華僑回國日眾，臘味銷情大受影響。

▶ 金菊園（左）及廣州燒臘店（右）的廣告，1940 年 1 月 31 日。

Advertisements of two roasted and preserved meat shops, Kam Kuk Yuen (left) and Kwong Chow (right), 31 January 1940.

中環街市前的皇后大道中，約 1950 年。右方可見華豐及金菊園燒臘店。左方安樂汽水廣告的樓宇，於 1954 年開有一家北風臘味店。

Wah Fung and Kam Kuk Yuen roasted and preserved meat shops on Queen's Road Central (right), in front of Central Market, c. 1950. Pak Fung preserved meat shop later opened in the building on the left in 1954.

1940 年 12 月，豬上肉每斤售 1.28 元，燒肉每斤售 1.3 元。

日據時期，大部分銀號被迫停業。位於皇后大道中 112 號的永隆銀號（現時為招商永隆銀行）改為經營燒臘，及至和平後才恢復本業。

不過，位於永隆東鄰 108 號的華豐銀號結業後，便改為華豐燒臘，直至現時仍在域多利皇后街經營。

1950 年，廣州及澳門的東昌皇上皇臘味，在威靈頓街 158 號開設港分行。1952 年後起，陸續在德輔道中、上環及旺角彌敦道開設多間分店，以夏天賣火焰雪糕及燒春雞，冬天賣臘味而馳名。

1954 年，皇后大道中 85 號的北風臘味店開幕。

同時，中環的燒臘店還有位於皇后大道中 105 號旁興隆街口的楚記（檔口）、閣麟街 3 號的金陵，以及上環永樂街 192 號的滄州。楚記曾於上環皇后大道中開設分店，後來遷往卑利街。以燒肉馳名的金陵則於 1992 年結束。滄州後來在灣仔及銅鑼灣開設分店。

上述的名燒臘家，還包括金菊園等，常見輪購人龍。後來旺角硤蘭街的永合隆亦有此盛況。

當時的燒臘店（包括威靈頓街的荔園）亦會出售鴨腳包（用臘鴨腸纏繞一夾着肥瘦豬肉的鴨掌）、金錢雞，以及稱為「禮雲子」的蟛蜞春（卵子，一如蝦子）及牛乳等食品。此外，還有豬油及其副產品豬油渣。在戰後的惡劣環境，豬油渣為貧苦大眾的佐膳佳品。

及至約 1950 年為止，豬牛亦曾在中環街市屠宰，部分豬膏（油脂）被拋棄，不少人將其拾取用以炸豬油及製「豬油渣」。

▼ 位於皇后大道中 85 號的北風臘味店開業廣告，1954 年 12 月 29 日。

An advertisement of the opening of Pak Fung preserved meat shop on 85 Queen's Road Central, 29 December 1954.

▼ 由中環街市望閣麟街，約 1953 年。左方為高陞茶樓，
右方為金陵臘味家。

Cochrane Street, looking from Central Market, C.
1953. On the left is Ko Shing Tea House, and on the
right is Kam Ling preserved meat shop C. 1953.

▼ 位於威靈頓街 112 至 114 號的華豐燒臘店，2005 年。

Wah Fung roasted and preserved meat shop on 112-
114 Wellington Street, 2005.

至於以雞作號召的名店，有以香妃雞馳名、位於灣仔道的悅來和石水渠街的悅香，也有以豉油雞馳名的雙喜樓，以及以太爺雞聞名、位於軒尼詩道的頤園酒家等。

為迎合市民自奉或送禮的需要，包括皇上皇等多家燒臘店，都開辦「臘味會」，顧客每月供2、3元，至歲晚便可領取各式臘味一大批，做法一如「月餅會」。

1950年代的燒臘名店，還有中西區的永安、廣馨、合和祥、鴻德昌，灣仔的大三元、和玉，油麻地的雙英、祥記隆，旺角的合記、珍珍、鴻昌，深水埗的金龍、華園等多家。

令人難忘的燒臘味，有位於威靈頓街與德己立街交界的第一代荔園所出售的美味鴨腳包、結志街的源源酒家非扁平型的臘鴨，以及旺角雲來茶樓被視為「食得招積」的雙髀飯（雞髀、鵝髀雙併）。而當時最佳的燒鵝名店，有公團及鏞記等。

1970年代初，灣仔龍門酒家的燒味亦頗為馳名，其對面的新中華國貨公司亦設有燒臘櫃枱，用港幣5元便可購得一大包鹵味，足夠一家四口享用。

同時，有多家包括龍華及蓮香等的燒臘店，位於銅鑼灣羅素街、波斯富街及啟超道一帶。不過，隨着時代廣場等新建築於1990年代初落成，這些名店逐漸消失。

▶ 由中環街市西望德輔道中，約1960年。位於德輔道中103號與租庇利街交界的第一茶樓左方是皇上皇臘味店。

Des Voeux Road Contral, looking west from Central Market, c.1960. Dai Yat Teahouse, situated at the intersection of 103 Des Voeux Road Central and Jubilee Street, is in the middle, King of the Kings preserved meat shop is next to it.

▶ 由中環街市西望皇后大道中，約1973年。可見多家著名燒臘店，包括左方的金菊園及廣州，以及右方的永安及楚記。

Queen's Road Central, looking west from Central Market, c. 1973. Several fanous roasted and preserved meat shops can be seen in the picture. Kam Kuk Yuen and Kwong Chow are on the left, while Wing On and Chor Kee are on the right.

▲ 位於羅素街與利園山道交界的龍華燒臘
店，1974 年。

Lung Wah roasted and preserved meat
shop at the intersection of Russell Street
and Lee Garden Road, 1974.

▼ 位於皇后大道西 281 至 283 號的九如臘味及健記
燒臘店，1985 年。（圖片由陳創楚先生提供。）

Kau Yue and Kin Kee roasted and preserved meat
shops on 281-283 Queen's Road West, 1985.

第十章
月餅與禮餅

一

19世紀後期,不少茶樓、食館都印有中秋月餅、回禮茶盒的宣傳字句。最早期的雲來茶居及得雲居等,皆為月餅名店,而得雲的月餅,一直到1992年茶居（茶樓）結束拆卸之前也在銷售。

由於利潤豐厚,月餅銷售為茶樓、茶居的主要生意來源。1910年代,兼售月餅的著名茶樓有:武彝仙館、馬玉山、得名、平香、吉祥及三多等。到了1920年代,增加了高陞、嶺南、如意及添男等。

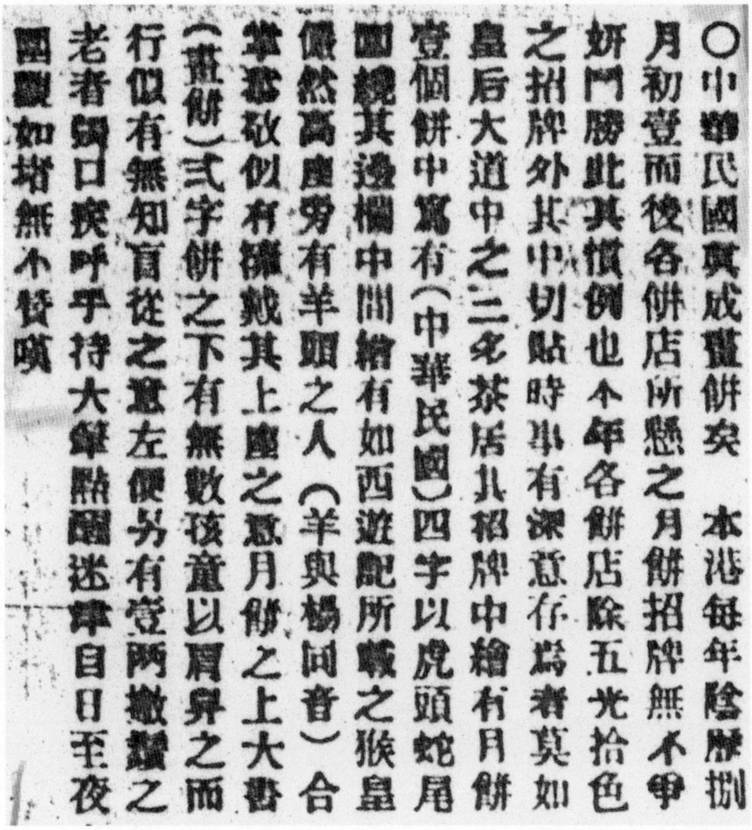

○中華民國頃成立蓋餅突 本港每年陰曆捌月初登而後各餅店所懸之月餅招牌無不甲妍鬥勝此其慣例也今年各餅店除五光拾色之招牌外其中切貼時事有深意存焉者莫如皇后大道中之三多茶居其招牌中繪有月餅壹個餅中寫有（中華民國）四字以虎頭蛇尾圍繞其邊楣中間繪有如西遊記所載之猴皇儼然高屋其身旁有羊頭之人（羊與楊同音）合華盛攷似有像戴其上塵之意月餅之上大番（甘餅）弍字餅之下有無數孩童以肩昇之而行似有無知盲從之意左便另有燈兩撥之老者碩口疾呼于持大聲點圖迷津目日至夜圍圍如堵無不贊嘆

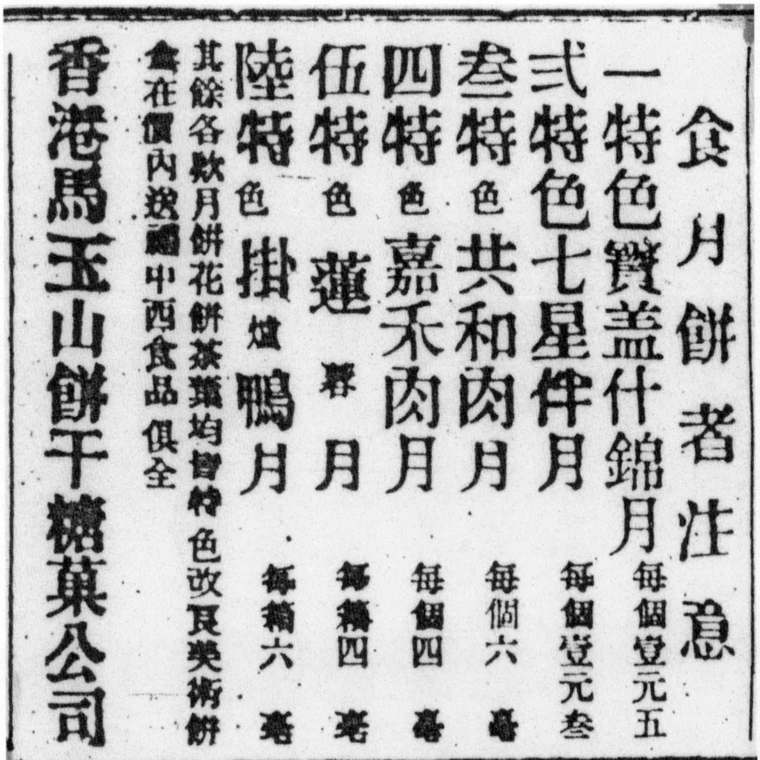

食月餅者注意

一特色寶蓋什錦月　每個壹元五

弍特色七星餅月　每個壹元叁

叁特色共和肉月　每個六毫

四特色嘉禾肉月　每個四毫

伍特色蓮蓉月　每籠四毫

陸特色掛爐鴨月　每籠六毫

其餘各欵月餅花餅茶蓉均皆特色改良美術餅

會在價內送圖中西食品俱全

香港馬玉山餅干糖菓公司

▲ 位於皇后大道中 98 號的高陞茶樓以及隔鄰 96
號的振興餅家，1955 年。

Ko Shing Teahouse on 98 Queen's Road
Central, and Chun Hing Bakery on 96 Queen's
Road Central, 1955.

◀ 位於皇后大道中的高陞茶樓的月餅及禮餅廣
告，1926 年。

Mooncake and bridal cake advertisements of
Ko Shing Teahouse on Queen's Road Central,
1926.

▲ 高陞茶樓（右）及雙喜茶樓（左）的月餅廣告，1951 年 9 月 3 日。

Mooncake advertisements of Ko Shing Teahouse (right) and Sheung Hei Teahouse (left), 3 September,1951.

◀ 位於上環皇后大道西 42 至 46 號的武彝仙館茶樓的中秋月餅及禮餅廣告，1922 年。

Mooncake and bridal cake advertisements of Mo Yee Sin Koon Teahouse on 42-46 Queen's Road West, 1922.

1927 年，蓮香樓在嶺南的舊址開業，其月餅的銷售量，與相隔數間舖位的高陞一直並駕齊驅，旺盛情況一直維持到七、八十年代。

除茶樓、茶居外，不少餅店、糖果店、燒臘店，以至冰室，皆製作月餅銷售，其中包括 20 世紀初，位於荷李活道的美香居、小蘭亭，以及上環皇后大道的文華館等。從文華館的價目表可以得知，約 1900 年最貴的月餅每盒 4 毫半，最平的是 1 毫 6 仙，以當時白米每斤約 2 仙半計算，一盒最貴的月餅可購白米 18 斤。相比起來，現時的白米每斤約為 9 元，一盒中上價月餅約 270 元計，等值白米 30 斤，即現時的月餅相對頗為昂貴。

早期最貴的月餅是雙黃貢月，售 4 毫半（白銀幣三錢二分），其次為燕窩肉月及金腿肉月，售 4 毫。平價者有豆沙或豆蓉月，售 1 毫 6 仙。現時流行的雙黃白蓮蓉月，在當時仍未面世。

五仁月餅是用瓜仁、杏仁、欖仁、合桃及芝麻造餅餡，亦有加上金華火腿或叉燒等，名為「金腿叉燒月」或「五仁金腿月」。

月餅的重量（以四個計）分有「二十両裝」，以及「足觔（斤，即十六両）裝」兩種，包裝分為每盒及每筒（「筒」是將四個月餅疊起，用紙包捲）。直到 1950 年代，仍有筒裝月餅出售。

為促進銷路，茶樓、餅家皆大事裝飾，張燈結綵，其華麗及耀目程度，可媲美皇室慶典的盛況。部分茶樓，如皇后大道中的三多，更以內地及香港的時人（如袁世凱等）時事製成裝飾畫，引起哄動，雖招致港府干涉，但已大收宣傳之效。

1927 年，南唐酒家的月餅（以每盒計），金腿肉月 7 毫、燒雞肉月 9 毫、雙黃蓮蓉月 1 元、欖仁肉月 6 毫。

當時已有小型（迷你）月餅，一般人稱其為「棋子餅」。

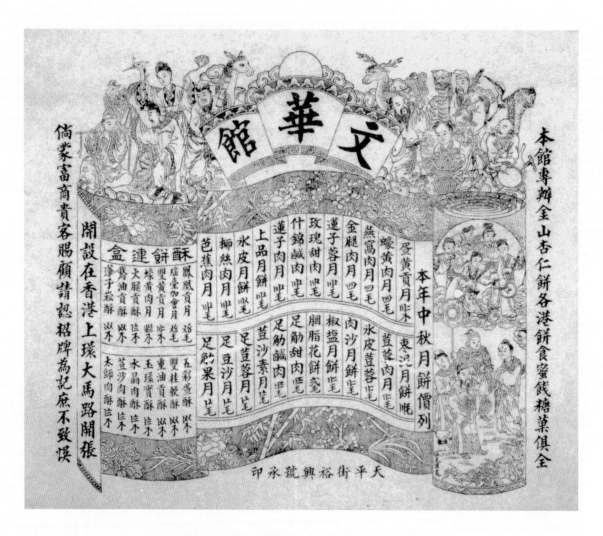

▲ 位於上環大馬路（皇后大道）的文華館的月餅價目表，約 1900 年。

A mooncake price list of Man Wah Koon Bakery, Queen's Road, Sheung Wan, c. 1900.

▲ 由文武廟東望荷李活道，約 1900 年。左方位於 155 號的店舖為美香居餅店。

Hollywood Road, looking east from Man Mo Temple, c. 1900. Mei Heung Kui Bakery is on the left.

十五家茶樓、酒家、餅家的月餅聯合廣告，1941 年 9 月 21 日。

Joint advertisements of 15 teahouses, bakeries and restaurants, 21 September 1941.

◀ 美香居餅店的廣告，1919 年。

An advertisement of Mei Heung Kui Bakery, 1919.

▶ 連卡喇佛公司的月餅和肉食廣告，1941 年 10 月 3 日。

Mooncake and meat advertisements of Lane Crawford Limited, 3 October 1941.

▼ 月餅及中秋節禮品的聯合廣告，1949 年 10 月 1 日。

Joint mooncake and mid-Autumn festival gift advertisements, 1 October 1949.

1960 年代起，旺角彌敦道的龍鳳茶樓，亦在面向山東街的二樓位置，裝上一大幅針砭社會時弊的宣傳畫，吸引大批市民仰望，這種做法一直到 1980 年代該茶樓結束為止。

　　為回應市民送禮或自奉之需，1930 年代已有茶樓、餅家開辦「零存整付」式的「月餅會」，月供 1 至 2 元，一年後可獲月餅十盒。

　　至日據時期，月餅成為罕品，店家往往將一個月餅切為四件，按件出售。及至後期，糖、油及麵粉等短缺，月餅絕跡，改以杏仁餅應節。

　　和平後，港府曾制定月餅的公價，蓮蓉月每個售 1.1 元、豆沙 8 毫、豆蓉 8 毫。月餅的價格較戰前漲價約一倍，但平穩價格一直維持至 1970 年。當時大部分茶樓和餅家的月餅會，月供 3 元可得月餅八至十盒，比零售價格便宜了約百分之四十，部分月餅會並附送花餅或豬籠餅、茶葉以至臘味等。

　　1950 年，雙黃蓮蓉月每盒約 6 至 7 元，當年一般工人的月薪約 100 元，為了送禮予上司及親朋，往往要供月餅會。

　　1950 年代，一家位於荷李活道 175 號的橋香冰室，提供每月供 1 元可獲五筒月餅的月餅會，大受街坊歡迎。

　　由於月餅銷售的利潤極之豐厚，為引人注目，各茶樓、餅家於農曆七月底，便會大事裝飾，但較戰前時更為輝煌，除彩牌和燈飾外，部分更會用燈泡和霓虹光管裝飾整座茶樓或餅家的樓宇。其中如旺角瓊華酒樓等的裝飾，竟成為注目景點，甚至揚名海外。

▲ 軒尼詩道，1953 年 6 月 2 日女
　皇加冕日。左方為位於 233 號的
　泰山麵包餅店。（圖片由謝炳奎
　先生提供。）

Hennessy Road, on Coronation
Day, 2 June 1953. Tai Shan
Bakery on 233 Hennessy Road
is on the left.

部分茶樓包括得雲等，會在舖前裝置一玻璃箱，內
置電動紙扎公仔人物，演出如「三英戰呂布」、「長坂坡」
等故事，吸引大批行人圍觀。1957 年，多家餅店新增敦
煌的「飛天」圖案作裝飾。

其他以月餅馳名的茶樓、酒家還有：港島的第一
樓、得男、添男、多男、雲香、平香、雙喜及龍門；以
及九龍的雲天、得如、龍如、有男及榮華等。

1956 年 9 月，農曆八月初，得雲茶樓刊登廣告，仍
接單用航空郵寄月餅往歐美各埠。

此外，亦有多家麵包店及餅家爭奪月餅市場份額，
除老牌的正隆、嘉頓及奇華外，還有港島的紅棉、振興、
筵香、中國、祥利、玉山、泰山、崑山、杏桃園、馬寶
山和利記；以及九龍的金門、遠興祥及奇馨等。

當中港島的紅棉及九龍的金門麵包店，分別有分店
約 20 和 30 間之多，嘉頓和馬寶山於港九亦有多間分店。
嘉頓更生產一種獨特的栗子蓉月餅。現時分店最多的餅
店應為奇華、榮華和美心等。

上述老牌的正隆餅店於 1891 年成立，嘉頓麵包廠於
1928 年在深水埗區創立，而奇華則於 1938 年創立，原為
位於上海街 320 號的奇華食品商店，1948 年改名為奇華
餅家。

▲ 旺角龍鳳茶樓及瓊華酒樓的月餅裝飾，約 1965 年。

Mooncake decoration of Lung Fung Teahouse and King Wah Restaurant, Mong Kok, c. 1965.

▼ 用作月餅宣傳之「活動公仔戲小舞台」，約 1985 年。

"Little puppetry stage" for promoting mooncake, c. 1985.

▲ 灣仔龍門酒樓的月餅裝飾，2005 年。

Mooncake decoration of Lung Moon Restaurant, Wan Chai, 2005.

◀ 元朗大同餅家的月餅裝飾，約 2015 年。

Mooncake decoration of Tai Tung Bakery, Yuen Long, c. 2015.

1953 年，亞洲公司辦館（早期的超級市場之一，一如惠康及大利連）、京滬飯店及燕雲樓等，銷售天津恩福齋月餅，品種有棗泥、西沙、提漿、百果火腿及百果雜錦等。當時，一家新中國食品公司亦代售澳門顯記月餅。

　　至於月餅的品種，戰後時興的「七星伴月」現已漸被遺忘，隨同消失的還有用玻璃或鏡面盒裝載的花餅及胭脂餅。而用竹織籠裝載的豬仔餅則改為塑膠籠。

　　茶樓、餅家為了宣傳，皆會派發印製精美的月餅價目表，簡稱為「月餅紙」，多印有嫦娥奔月、西廂記、貂蟬拜月以及山水名畫等圖像，恍如早期的月份牌。有人會將月餅紙視作一種收藏品，一如「公仔紙」及舊郵票，那些五、六十年代的出品已十分罕見。

　　關於月餅的價格，1950 年代（以供月餅會價格計），每盒為 3 元多，相對現時的約 200 多元，升幅 70-80 倍，可謂驚人。

　　戰後至 1980 年代，不少茶樓、餅家會將賣剩之月餅，於中秋後的兩三天改名為「日光餅」出售，巧立名目推銷貨尾。

　　早期，包括得雲、美香居、陳財記、高陞、蓮香、如意等茶樓及餅家，亦出售婚禮用的結婚禮餅和回禮茶盒。回禮茶盒的物品除包、餅及糕等外，亦包括雞、肉、乾果及海味等。

　　當中禮餅計有：五仁龍鳳餅、蛋黃蓮蓉酥、黃綾豆蓉酥、五彩皮蛋酥、蓮蓉雞蛋糕、五仁白綾酥以及合桃酥和雞蛋糕，亦有專供新郎及新娘進食的龍鳳禮餅。有女兒出閣的家庭（女家）會贈送兩個禮餅（嫁女餅）予普通交情的朋友，而不發婚宴請帖，以表達女兒已婚的訊息。

　　而回禮茶盒內則有：豆蓉豆沙紅包、大發包、鬆糕、金錢餅、牛脷酥、米通煎堆等。一般是以斤，甚至以擔計。

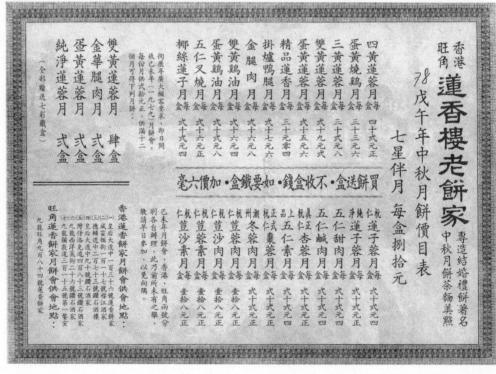

▲ 位於中環皇后大道中及旺角廣東道的蓮香茶樓的月餅價目表，1978 年。

Mooncake price lists of Lin Heung Teahouse in Central and Mong Kok, 1978.

己巳年月餅價單

奇華餅家 有限公司

奇華金黃蓮蓉月餅

一九八九年中秋月餅每盒價目單

奇華金裝禮盒　誠意推薦・豪華瑰麗
迷你精裝・實惠大方　一百七十二元

迷你金黃蓮蓉月	五十八元
蛋黃金黃蓮蓉月	
四黃金黃蓮蓉月	一百二十八元
三黃金黃蓮蓉月	一百○四元
雙黃金黃蓮蓉月	
蛋黃金黃蓮蓉月	
純正金黃蓮蓉月	八十四元
雙黃蛋黃月	八十四元
雞油雞月	
蛋黃燒雞月	七十二元
蛋黃荳沙月	
金華火腿月	九十六元
五仁鹹肉月	七十二元
椰絲蓮蓉月	七十二元
正紅荳沙月	六十八元

個別獨立包裝・衛生清潔・不受任何天氣影響・保持新鮮美味

奇華著名結婚禮餅

年年家家共享

總公司及工場

九龍長沙灣青山道666號奇華工業大廈
大量採購查詢電話：3-7856066

九龍新界門市部

長沙灣　青山道666號　3-7437727
荃　灣　荃景道316-318號　3-7561281
旺　角　上海街458號　3-845196
深水埗　北河街193號　3-864582
青山道　青山道406號　3-7411612
油麻地　上海街218號　3-7715007
土瓜灣　土瓜灣道78號E定安大廈　3-648654
紅　磡　馬頭圍58號　3-644518
筲箕灣　筲箕灣79號地下　0-4938512

香港門市部

灣　仔　莊士敦道106號　5-728818
北　角　北角道11-13號　5-668582
吉之島　鰂魚涌康山道康怡廣場　5-8855991-534
中秋分銷處：鰂魚涌大丸百貨公司食品部

海外分公司

美國紐約者神利市嘉偉連布729號
台北市中山北路二段123號

雙黃金黃蓮蓉月
農曆三月份奉送「高雄蛋卷」二罐
農曆歲晚奉送利是封貳扎
拾盒

雙黃金黃蓮蓉月
農曆三月份奉送「高雄蛋卷」一罐
伍盒

每月供銀陸拾捌元

每月供銀叄拾肆元

開收一九九○年度月餅會
供足十二個月可得下列各餅

優良傳統表現出眾

▲ 奇華餅家的月餅價目單，1989 年。

A mooncake price list of Kee Wah Bakery, 1989.

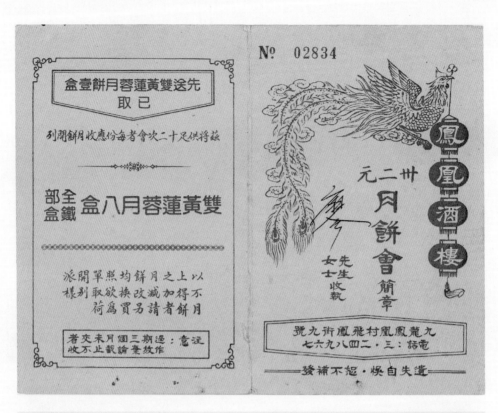

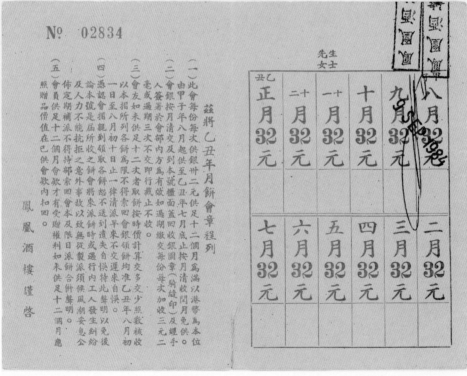

▲ 鳳凰酒樓的「月餅會」供款摺，1984 年。

A mooncake instalment pass book of Fung Wong Teahouse, 1984.

▲ 榮華酒樓餅家的「月餅會」及「月餅臘味會」宣傳單張，1990 年。

Advertisements of Mooncake and preserved meat installment plan of Wing Wah Restaurant and Bakery, 1990.

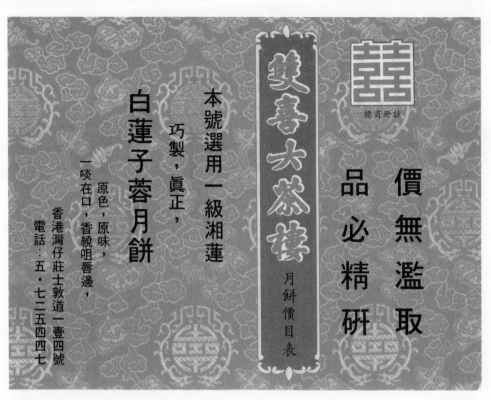

雙喜大茶樓

月餅價目表

價無濫取

品必精研

本號選用一級湘蓮

巧製，眞正，

一啖在口，香繞咀唇邊，

原色，原味，

白蓮子蓉月餅

香港灣仔莊士敦道一壹四號

電話：五‧七二五四四七

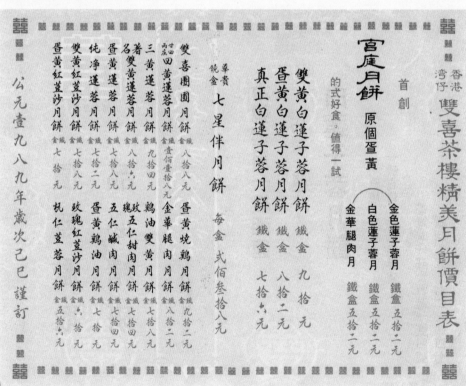

香港
灣仔

雙喜茶樓精美月餅價目表

宮庭月餅

原個鹹黃

首創

的式好食。值得一試

金色蓮子蓉月	白色蓮子蓉月
鐵盒 五拾二元	鐵盒 五拾二元
金華腿肉月	
鐵盒 五拾二元	

雙黃白蓮子蓉月餅
鐵盒 九拾元

鹹黃白蓮子蓉月餅
鐵盒 八拾二元

真正白蓮子蓉月餅
鐵盒 七拾六元

雙喜團圓月餅
鐵盒 八拾八元

鹹黃燒鵝月餅
鐵盒 九拾二元

華貴
鏡盒 七星伴月餅
每盒 式佰參拾八元

三黃蓮蓉月餅
鐵盒 九拾四元

廿四兩盒四黃蓮蓉月餅
鐵盒 壹佰壹拾八元金華腿肉月餅
鐵盒 八拾二元

著名雙黃蓮蓉月餅
鐵盒 八拾六元

鵝油雙黃月餅
鐵盒 七拾四元

蛋黃雙蓮蓉月餅
鐵盒 七拾八元

玫瑰五仁甜肉月餅
鐵盒 七拾四元

純淨蓮蓉月餅
鐵盒 七拾二元

五仁鹹肉月餅
鐵盒 七拾四元

雙黃紅荳沙月餅
鐵盒 七拾八元

蛋黃鵝油月餅
鐵盒 七拾元

蛋黃紅荳沙月餅
鐵盒 七拾元

玫瑰紅荳沙月餅
鐵盒 六拾元

杬仁芝蓉月餅
鐵盒 五拾六元

公元壹九八九年歲次己巳謹訂

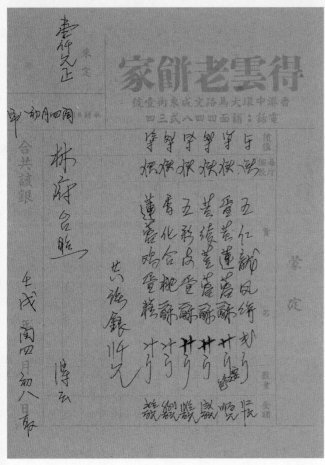

▲ 得雲茶樓餅家的結婚禮餅發票，1982 年。發票上的禮餅共 182 斤，共計港幣 2,000 元，每斤為港幣 11 元。

A bridal cake invoice of Tak Wan Teahouse and Bakery, 1982. 182 piculs of bridal cakes cost 2,000 Hong Kong dollars.

▲ 得雲餅家結婚禮餅、禮包發票，1982 年。

A bridal cake and bun invoice of Tak Wan Bakery, 1982.

　　除月餅外，茶樓、餅家另一門大生意是「五月糉」，每屆端陽
節前，皆在門前懸掛大量糉子，以及紅紅綠綠的宣傳標籤，以助推
銷。當中以裹蒸糉、鹹肉糉及蓮蓉梘水糉等為主流，亦有蘆兜糉、
豆沙糉及嘉興糉等。不少南北貨號亦出售內地不同省份出產的
糉子。

　　蘆兜糉用蘆兜葉包裹，需焗多個小時，材料與裹蒸糉大致
相同。

　　最隆重的宣傳要算旺角的瓊華酒樓，門前飾以「邊個話我傻」
及「可祭三閭之魄、可供五臟之神」的對聯，真是神來之筆。

　　有一種佛山市陳村鎮的「陳村糉」，是入口即散化的鹼水糉，
因而衍生一「陳村糉」的俗諺，意謂「散晒」，指二世祖將前人遺留
的家財散盡。

　　早期，很多人用吃不完的鹼水糉切粒曬乾，用作煲雞蛋糖水，
或放入紅豆沙或綠豆沙中齊煲。此舉既不浪費糉子，又別有一番
風味，一如將吃剩的煎堆煲糖水。

　　此外，茶樓、餅家亦兼營臘味，以及年晚煎堆油角、蜜餞糖果
和大紅瓜子等。近年，其另一歲晚熱門行銷品為年糕，主流的有椰
汁年糕、蘿蔔糕及馬蹄糕等。

第十一章

茶業

一

　　1881 年《香港轅門報》(憲報) 的記載，有茶葉商 51 家。可是，1894 年《香港雜記》內所刊載的茶葉舖，卻只有 20 餘家。由此看到，1881 年憲報所記載的茶葉商，相信包括了部分茶樓及茶室，而《香港雜記》所刊的，是實實在在經營茶葉買賣的商號。

　　19 世紀後期的茶葉店，有生茂、永昌耀記及萬昌等，位於皇后大道中、皇后大道西、歌賦街及文咸街一帶，出售茶葉、舊茶磚、貢品茶及禮茶等。

　　若干家茶莊亦經營煙絲及煙仔生意，名為「茶煙莊」，較著名的是位於皇后大道中 103 號、擁有三家分店的陳春蘭。另一家為位於上環德輔道中 235 號的朱廣蘭。兩者除經營茶煙外，亦兼營雜貨、食品、金山莊及洋莊的生意。

▲ 街頭茶販及茶擔，約 1900 年。

Tea hawkers on the roadside, c. 1900.

▲ 由上環街市望向德輔道中，約 1920 年。右方為於同街 235 號的朱廣蘭茶煙店。

Des Voeux Road Central, looking from Western Market, c. 1920. Chu Kwong Lan Tea and Tobacco Shop, on 235 Des Voeux Road Central, is on the right.

◀ 雲集茶樓及茶葉莊的皇后大道中近嘉咸街（左）區域，約 1910 年。左方為第二代雲來茶居。右方為陳春蘭茶煙莊。

Teahouses and tea traders area on Queen's Road Central near Graham Street (left), c. 1910. The second generation Wan Loy Teahouse is on the left. Chan Chun Lan Tea and Tobacco Shop is on the right.

1960 年代初，陳春蘭因所在樓宇被列為危樓，遷往閣麟街與同德里交界。捷成洋行的大班漢‧米高‧捷成先生（Hans Michael Jebsen）曾提及，數十年來，他們一家都是在陳春蘭採購茶葉的，故他對於大紅袍、馬騮搣（亦有稱為「猴子採」）、獅峰龍井等品種都瞭如指掌。

1910 年代，西營盤第四街（因「第四」與「抵死」同音，而改名為高街）開設了多座由花枝招展妙齡女郎主理的「女子茶檔」，由女子提壺售賣所謂的「大姐茶」。入夜以後，引來大批狂蜂浪蝶，與大姐們打情罵俏，爭風呷醋。當中少部分為品茗的「純喫茶」者，不過大部分皆為「醉翁之意不在茶」的脂粉客。最後，當局視這等「女子茶檔」為「私寨」（無牌妓院），飲「大姐茶」變作「打茶圍」或「打水圍」而予以取締。

「打茶圍」或「打水圍」是北方人及廣東人的用語，指在石塘咀酒樓與妓女飲宴後，一起到妓院在妓女房間內流連。很多時妓女並不在場，僅由傭婦招呼以茶水、煙仔及生果等，往往呆坐一兩個鐘頭，付出一、二十元賞錢後才離開。若想作「入幕之賓」，需花費一千幾百元計。

中國人愛用名茶奉客，南北行的入口米業商號，便整天烹潮州「功夫茶」款客，多用「欖核炭」來烹茶，功夫細緻。

長久以來，茶葉莊多在華人聚居地的皇后大道、文咸街，灣仔的莊士敦道，以及九龍的上海街等區開設，當中包括華生、天香、奇香村、彭裕泰、嶤陽、顏奇香及香棧等，還有 1942 年於灣仔開業的祺棧，以及 1950 年由內地遷至香港皇后大道中 155 號的英記。還有位於九龍上海街的李金蘭。

部分茶樓的月餅會，會隨月餅附送鐵罐裝茶葉。用上等普洱茶消除月餅的肥膩，確是一絕。除普洱茶外，1950 年代受歡迎的茶葉是「六安」，被視為「太子也飲不壞」，時至今日，六安在部分老牌茶樓亦已欠奉了。至於茉莉及香片等花茶，多於農曆新年時飲用和奉客。

▼ 英記茶莊的開業廣告，1950 年 6 月 8 日。

An advertisement of the opening of Ying Kee Teahouse, 8 June 1950.

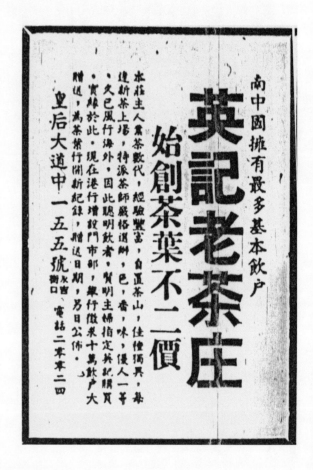

▲ 上環文咸東街與摩利臣街交界,約 1960 年。右方為鴻昌泰茶莊。

Hung Cheong Tai Tea Shop at the intersection of Bonham Strand East and Morrison Street, c. 1960.

▶ 位於文咸東街 113 號的彭裕泰茶莊,2003 年。

Pang Yue Tai Tea Company on 113 Bonham Strand East, 2003.

1950 至 60 年代，中區大茶樓包括高陞、蓮香、得雲及第一樓的茶價，一般是 2 至 3 毫。據老一輩的茶客品評，每家的茶葉各有特色，茶客亦各有所好。筆者覺得，第一樓和得雲雖屬同一老闆，但茶葉味道卻顯著不同。得雲的一位茶博士曾提及，兩者的茶葉都經師傅進行不同的混茶工序，因而各有獨特的味道。以普洱為例，筆者覺得得雲的茶味較濃，有一股甘澀味；第一茶樓的則較易入口，各有千秋。

　　部分酒家，如建國及金城等的茶葉頗為高檔，吸引到不少金融界高層人士光顧。被認為最高級者，當為位於永吉街 6 至 8 號的陸羽茶室。1950 年代，陸羽已為著名的紅伶及影人茶座。九龍的一家則為位於油麻地彌敦道與北海街交界的新新酒店茶廳。

　　高檔的茶葉，即使沖水四、五次後茶味依然保存，相對現時一些酒樓的茶葉，沖水兩、三次便毫無茶味，可謂今不如昔。難怪茶葉水準仍能維持的蓮香樓，至今依然其門如市。

　　1950 年代中，有一家位於駱克道與波斯富街交界、標榜「水滾茶靚」的山泉茶樓，但可惜不久便結業，該址後來改為鑽石酒家。同時開業的還有位於德輔道西與威利蔴街交界的中秋月茶座，後於 1962 年改作第三代高陞茶樓。

　　1960 年代初，現時深水埗黃金商場所在的黃金酒樓，已設有「茶皇廳」，稍後多家酒樓跟風。

　　1980 年代初，一家位於灣仔新鴻基中心的飛魚菜館，備有一部金碧輝煌的茶皇車，由漂亮姑娘逐枱為食客烹茶，不過由於過程繁複，此項服務不久便取消。

第十二章　米業

一

據憲報刊載，1876 年香港有米店 95 家，到了 1881 年已增至 128 家。這些米店亦包括位於文咸西街一帶「南北行」區內的入口米商。

當中成立於 1851 年的乾泰隆，為最早的南北行商及入口米商之一。1870 年代，其他大米商還有元發行、建南行、泰利行、敦和、全盛、和盛及悅和隆。

1874 年，以安南西貢（現胡志明市）的來貨為多。當時的米種，包括安南占粳米、安南總樸米、火車樸米以及一種鴉片米。當時的米價為每擔（100 斤）1.8 元。

1881 年，從事椿米行業的有 1,083 人。

20 世紀初，不少米業鉅商亦有自己的船隊或兼營船務，例如由李興瑋經營的南和行便有一家和發成船公司。現時中環的興瑋大廈便是以李氏命名。

1911 年，白米每擔由 5.8 元升至 6.25 元，再而至 8.78 元。

在 1919 年之前，香港政府任由商人自由進口及買賣白米。可是在同年，安南（印支半島）因天災以致白米歉

收，米源中斷，白米漲價十倍。不少米店（包括荷李活道的振隆）門前出現輪購人龍，甚至曾出現搶米及警隊鎮壓的場面。

隨後，港府實施白米入口管制，並在 1930 年代指定 16 家入口米商，遵從當局指定的「點子」，貯存一定數量的白米，於指定的公倉，包括均益倉（現均益大廈所在）及九龍倉（現海港城）內。俟後，白米的供應和米價漸趨平穩。

至於存米量的每一「點子」為 24,000「藍線包」，每一藍線包內裝米 173 斤，以米商鉅發源之最多「七點子」貯量計（7 × 24,000 × 173），即共為 2,900 多萬斤。

▶ 干諾道西海旁，約 1930 年。駁船將由大洋船卸下的「藍線包」白米搬上岸。

Waterfront of Connaught Road West, c. 1930. A barge is downloading blue-threaded sacks of rice from large cargo ships.

▼ 一家出售白米的雜貨店，約 1930 年。

A grocery, c. 1930.

▼ 干諾道西近水街，約 1935 年。駁船正搬運白米上岸。右上方為均益貨倉。正中蹲着一個正在收集遺漏碎米的窮家女孩。

Connaught Road West near Water Street, c. 1935. Barges are downloading sacks of rice to the shore. China Provident Godown is on the top right. A poor girl is collecting traces of rice on the foreground.

1927 年，產於香港新界的絲苗米，外貌稍粗，但質地較暹羅（泰國）米為佳，除本地銷售外，亦有銷往金山（美國）各埠者。

入口米商將白米批售予稱為「批發商」或「二拆家」的「二盤米商」，再由二盤米商「拆」（批）售予零售米店。

1934 年，大量安南暹羅米運港傾銷，米價大跌。另外，又因內地徵洋米入口稅，銷路窒塞，數家大米行倒閉，大量小店結業。

1930 年代，港幣 1 元可購上價米 20 斤、中價米 25 斤或下價米 32 斤。到了 1941 年中，則只可購得上價米 7 斤、中價米 8 斤或下價米 10 斤。由此可見，在十年間，米價已上升了三倍。此時，政府為杜絕居奇，規定白米的售價。

先前，糧食統制專員史潔頓召見入口米商代表李冠春、陳瑞祺，米行公所代表楊永麻及蕭柱雲等，和零沽米商代表，商議規定白米之價格。

於三年零八個月的日據時期，白米嚴重短缺，價格飛漲，加上日方當局及財閥的壟斷，米價由初期的每斤港幣 4 毫，一直暴漲至 1945 年 8 月初的每斤港幣 1,200 元，多人餓死街頭，亦有煮食屍體的慘劇。

和平後，米價下降，但已較戰前升值了三、四倍。當時的英軍政府，規定市民須憑證購米，此制度維持了近八年。

1948 年，政府配售的公價米為：上等齊眉 8 毫半、中價仰光米 5 毫半、下價的安南米碎 4 毫半。此種價格一直維持至 1950 年代後期。

有一段時期，白米以至其他公價配售的物品，如糖及麵粉等，市價低於公價，導致稱為「米票」之購物證於 1953 年後被廢棄。

▶ 中環閣麟街 36 號義和隆米業公司的發票，1952 年。一藍線包共有白米 174 斤，以每斤 9 毫計，共 156.6 元。

An invoice of Yee Wo Loong rice trader on 36 Cochrane Street, 1952. A blue-threaded sack contains 174 catties of rice, each catty costs 90 cents and the total cost is $156.6.

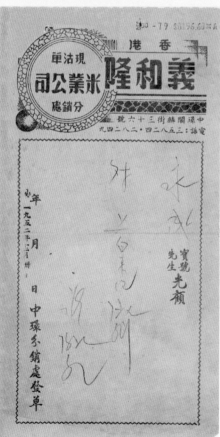

▲ 新界錦田的米田，約 1935 年。

Ricefield in Kam Tin, New Territories, c. 1935.

▼ 白米購物證，1953 年 12 月。

Rice ration card, December 1953.

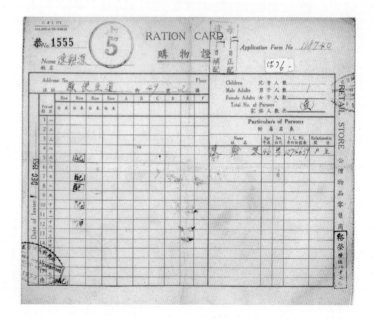

1954 年 8 月，政府接受入口米商（包括西商）的登記，由 16 家增至 29 家，到了 1975 年，再增至 36 家。

長久以來，入口米商及「二拆家」批發商，多集中於文咸街、永樂街、干諾道西及德輔道西一帶。至於零售米店則遍佈於港九各區的大街小巷。除少部分專售白米外，大部分兼售糖、油、麵粉、海味以至柴炭、火水等。米店及雜貨舖之多，只有 1970 年代的銀行分行才可比擬。

迄至 70 年代時，米舖有送米、柴炭及油等服務，即所謂「買米有人送」，但數量要達 50 斤或以上。在米店購買 5 斤或以下數量的米，即所謂「紙角包米」（用糙紙包裝，形如三角糉而得名），會被視為「寒酸」或被投以鄙夷的目光。

1973 年，置地公司收購牛奶冰廠後，整頓牛奶冰廠旗下的惠康及大利連超級市場（Dairy Lane，於 1990 年代被併入惠康），發展為平民化的超級市場，除日常食品及用品外，亦經營 5 公斤的袋裝米。自此，市場逐漸為超級市場（包括百佳等）所壟斷，加上市民的食米量日漸減少，導致米店和雜貨舖急劇消失，而「買米有人送」亦成為絕唱。

◀ 新界錦田的米田，1955 年。

Ricefield in Kam Tin, New Territories, 1955.

▲ 位於石塘咀山道旁一段德輔道西
的街閘，1960 年。右方有兩座
貨倉。

Street gate on Des Voeux Road
West, near Hill Road, Shek
Tong Tsui, 1960. Two godowns
are on the right.

◀ 位於荷李活道 52 號、歷史悠久
的振隆米舖，2005 年。

Historical Chun Lung Rice
Shop on 52 Hollywood Road,
2005.

◀ 位於干諾道西 113 至 115 號的兩
家白米批發行——茂益隆及英源，
1985 年。（圖片由陳創楚先生提
供。）

Two rice wholesale companies,
Mou Yick Lung and Ying Yuen, on
113-115 Connaught Road West,
1985.

◀ 位於士丹頓街與華賢坊東交界的成
發米舖，2002 年。

Shing Fat Rice Shop, at the
intersection of Staunton Street and
Wa Yin Fong East, 2002.

鹹魚欄早期設於內地佛山市陳村鎮。1880 年代，一場颶風導致內地漁船灣泊於本港，同時將曬製之鹹魚在港銷售。同時，本港漁船的鹹魚及海味亦因交通與時間上的方便，改為在本港行銷。

1884 年，長洲舉辦太平清醮，代收善信捐款者是西營盤的鹹魚欄店號。

1885 年，文咸西街被名為「南北行街」，亦有「舊鹹魚街」之稱。到了 20 世紀初，有另一條「鹹魚街」位於西營盤東邊街接近干諾道西的新填海地段。早期，亦有多家鹹魚及海味店舖開設於「金魚塘」（即現高陞街所在地段），後來集中於德輔道西及附近的橫街，包括威利蔴街、梅芳街及桂香街一帶。

1895 年，該區有一家陳天源號，專營運往金山（美國）各埠的腐乳。

1902 年，有一家廣濟源鹽務公司，入口安南及金邊鹽，供調味及醃製鹹魚之用。最大宗的顧客為出海捕魚之漁船船民。

1925 年，鹹魚欄的店舖亦出售冬蟲草，每斤為 14 元（每兩為約 8 毫）。同時，亦有店舖專售鮑參翅肚以及各種海味。

1936 年，香港有 12 家大欄（大規模的鹹魚店舖）。1939 年的行業統計中，鹹魚欄和鹽業行，為主要的大行。

1939 年，一家位於高陞街的利源長，代理「蘇聯魚脊筋」（即龍魚腸），宣稱為佐膳佳品。

由戰前到 1950 年代，鹹魚為家家戶戶的佐膳必備，因此，除西營盤鹹魚欄外，各區都有鹹魚店舖或攤檔。海味雜貨店以及燒臘店亦有出售鹹魚。

60 年代起，有研究發現，鹹魚為導致鼻咽癌成因之一，鹹魚店舖逐漸消失，大部分改營海味。現時，鹹魚欄的名稱亦轉為「海味街」。

而且，因市民漸趨富裕，以鮑參翅肚為主的海味也日漸暢銷，尤以鮑魚及魚翅為最。除德輔道西外，海味店亦集中於永樂街以及上環皇后大道中接近上環街市的一段區域。五、六十年代的名店有海生祥、英發成、安興及四利等。

1960 年代初，出售的日本乾鮑多以每斤計，而常說的「廿四頭」，即每斤有 24 隻。來自大分縣的「窩麻」鮑魚約售 120 元，而「吉品」鮑魚則約售 80 元。不少家庭及店舖，不時用作煲鮑魚雞粥，每人一隻，皆大歡喜。很多筵席亦有每人一隻「廿四頭」的日本「溏心」鮑魚。

▶ 一家位於深水埗基隆街與北河街交界的海味酒莊，1955 年。左方為深水埗街市。

A dried seafood and wine shop at the intersection of Ki Lung Street and Pei Ho Street, 1955. Sham Shui Po Market is on the left.

▶ 位於上環皇后大道西的光華軒臘味及鹹料廣告，1926 年 1 月 5 日。當時蟲草每兩 1 元，每斤 16 元。

An advertisement of a preserved meat and dried seafood shop on Queen's Road West, Sheung Wan, 5 January 1926. Cordyceps sinensis (caterpillar fungus) costs 1 dollar per tael, 16 dollars per catty.

▲ 一家位於九龍的海味雜貨店，約 1930 年。（圖片由佟寶銘先生提供。）

A dried seafood grocery in Kowloon, c. 1930.

同時，市民亦喜愛「即開即食」的罐頭鮑魚。約 1965 年，最普遍的墨西哥車輪鮑魚每罐售 4 元，一種日本豉油鮑則售 3 元。主婦們多喜歡於「過年過節」開一兩罐鮑魚以作「加料」。

1966 年以後，日本乾鮑以及罐頭鮑魚皆升價近十倍，每斤約 1,000 元 (當年的「上車」唐樓，每層約 1 萬元)，普羅市民「鮑魚雞粥」的日子一去不復返。

鹹味店亦有出售梅菜，及鹹蛋、皮蛋等蛋類。蛋類店舖於中環得雲茶樓樓下為入口的永勝街為最集中。1950 年和平後，有蛋類店舖近 30 家。長久以來，永勝街被稱為「鴨蛋街」，一如潮汕食肆充斥的香馨里被稱為「潮州巷」。兩條街的樓宇皆於 1990 年代被清拆。歷史悠久之永勝街的名稱亦隨之消失，香馨里則被保留下來。

◀ 位於北角春秧街的米店及海味雜貨店，約 1963 年。

Rice shops, dried seafood shops and groceries on Chun Yeung Street, North Point, c. 1963.

▼ 位於西營盤的鹹魚欄檔，約 1980 年。

Salted fish stalls in Sai Ying Pun, c. 1980.

◀ 位於銅鑼灣堅拿道西的海味鹹魚雜貨店，1974 年。

A dried seafood, salted fish grocery on Canal Road West, Causeway Bay, 1974.

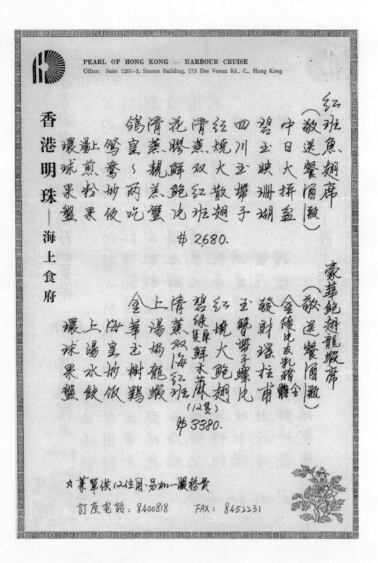

PEARL OF HONG KONG — HARBOUR CRUISE
Office: Suite 1201-3, Sincere Building, 173 Des Voeux Rd., C., Hong Kong

▲ 位於汽車渡輪上層的海上食府的海味鮑翅龍蝦席菜單,約 1990 年。

A banquet menu on a floating restaurant on a vehicular ferry, c. 1990.

中國酒

根據 1894 年出版之《香港雜記》所統計，政府牌照收入以酒牌的 48,000 多元為最高。申請酒牌者有酒樓、小館、妓院，以及售賣中國米酒及洋酒的酒莊及酒行。

1902 年，政府徵收酒牌餉銀，以灣仔石水渠街為界，其以西的區域因人口密集，故酒餉較貴。九龍區則以旺角水渠道為界線，其以南包括油麻地及尖沙咀等區，均劃為貴酒稅區。

當時，因要徵酒稅餉，故有專責查緝私酒之警察。

1895 年，已有廣州潘仁和的毛雞酒在香港出售。1902 年，亦有南北行商號出售內地的永利威酒。稍後，包括佛山人和悅等的多種內地米酒引入香港，再而在港設立分行和酒廠。1916 年，永利威於永樂東街 124 號開設分行。此外，還有上海蔡同德堂的虎骨木瓜酒。

專賣中國米酒的酒莊、又稱為酒舖、酒帘及酒房，多自設釀酒工場或廠房。

1905 年，杏林莊酒莊在荷李活道 194 號開張。1908 年，黃廣善堂於永樂東街 45 號開設。

由 1895 年至 1925 年之間，著名的酒莊及內地酒業代理行有：荷李活道的禮和祥、文咸東街的杏香園、皇后大道西 65 號的澍春園、南北行街 3 號的紹和行、租庇利街 14 號的樹春堂、皇后大道西的兩儀軒、德輔道中 107 號的醴泉（第一代），以及德輔道中永安公司對面的人和悅等。

◀ 由摩利臣街西望皇后大道中及皇后大道西，約 1905 年。右方上環街市入口旁有兩家酒莊。

Queen's Road Central and Queen's Road West, looking west from Morrison Street, c. 1905. Two liquor stores are situated next to the entrance of Sheung Wan Market on the right.

▶ 由旺角道向南望上海街，約 1922 年。街上有數家酒莊和米舖。

Liquor stores and rice shops on Shanghai Street, looking south from Mong Kong Road, c. 1922.

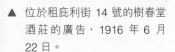

▲ 位於租庇利街 14 號的樹春堂
酒莊的廣告，1916 年 6 月
22 日。

An advertisement of Shue
Chun Tong Wine Shop on
14 Jubilee Street, 22 June
1916.

▶ 由皇后大道中望向租庇利街，約
1930 年。右方為中環街市。左方可
見樹春堂、梁財信及品珍三家酒莊。

Jubilee Street, looking from Queen's
Road Central, c. 1930. Central
Market is on the right. Shue Chun
Tong, Leung Choy Shun and Pun
Chun Wine Shops are on the left.

1925 年，德輔道中 207 號的厚生酒莊大火。該座樓宇現仍存在。

由當時起至 1940 年代，馳名的酒莊還有皇后大道中 347 號的昌源、永樂東街的陳太吉、文咸東街的永生和、閣麟街的如意莊、威靈頓街 88 號的醴泉酒帘，以及灣仔皇后大道東的醴棧及潘人和等。

1940 年代的酒莊，還有：醴馨、醴香、利人和、天心堂、杏林莊、和德、義隆及昆興等。淪陷時期大部分仍然營業。

大眾化的米酒又被稱為「唐酒」，有：雙蒸、三蒸、五加皮、玫瑰露、赤米及玉冰燒等。特別品種則有：虎骨木瓜酒、半楓荷酒、龍虱酒、三蛇酒、蛤蚧大補酒及歸圓杞麵酒等，還有濃度甚高的汾酒。此外，還有糯米酒、龍虎鳳酒及花雕酒等。

至 1970 年代，市面上還有附浸乳鼠仔若干隻的乳鼠仔酒出售。

早期的釀酒廠多設於堅尼地城、赤柱、大坑，以至九龍的油麻地、深水埗及新界區。較著名的有位於大坑重士街的馮民德酒房，以及堅尼地城的復興昌。

1950 年代，大量酒莊在各區開設，米酒亦可逐兩購買，一般是每兩售 2 毫，「劉伶客」或「酒鬼」（酗酒者）一日光顧酒莊兩、三次亦是常見。

1955 年，港府取消「只准賣中國酒與亞洲人」的政策。

1957 年起，大量內地米酒在香港銷售。

1957 年，每瓶售 4 至 5 元的貴州茅台酒，自 1972 年用以款待訪華的美國總統尼克遜之後，身價大漲，現已成為名貴的國酒。

俟後，不少舊樓被拆，酒莊數目日漸減少。不少酒莊兼售啤酒、汽水以至香煙，但仍不能挽回頹勢。

▼ 石塘咀，1969 年。右中部為位於皇后大道西與山道交界的義隆老酒莊。（圖片由麥勵濃先生提供。）

Shek Tong Tsui, 1969. Yee Lung Wine Shop is situated at the intersection of Queen's Road West and Hill Road.

由上環摩利臣街東望永樂東街，約 1970 年。正中為黃廣善堂及人和悅酒莊。

Wing Lok Street East, looking east from Morrison Street, Sheung Wan, c. 1970. Wong Kwong Sin Tong and Yan Wo Yuet Wine Shops are in the middle.

位於德輔道西 2 號的榮昌泰酒莊，1985 年。（圖片由陳創楚先生提供。）

Wing Cheong Tai Wine Shop on 2 Des Voeux Road West, 1985.

▶ 位於德輔道西 207 號的厚生
酒莊，1987 年。

———————————

Hau Sang Wine Shop on
207 Des Voeux Road West,
1987.

啤酒

1895 年，報章上已有花旗（美國）啤酒的廣告。1904 年及
1908 年，分別有波打酒及氈酒出售。1904 年及 1905 年，市面上
有貓嘜波打及一種千拿士車輪波打酒。

1906 年，干諾公爵第二次訪港，歡迎宴會在高陞戲園舉行，
宴飲之洋酒由位於皇后大道中 15 號之廣和洋酒行供應。

1909 年，有一家位於荔枝角的大東甌麥酒有限公司，出產東方啤酒，以及一種「BO 嘜啤酒」及波打酒。

1929 年，國產煙台三光啤酒在香港銷售。

1936 年，市面上有一種又名「上海啤酒」的友啤啤酒。

1938 年，有一種「怡和」啤酒在市面銷售。

日據時期，日軍接管位於深井、出產「香港啤酒」的香港啤酒廠，先後改名為「香港麥酒酒精興業廠」及「青龍頭啤酒廠」。和平後，易名為生力啤酒廠。

1946 年，市面上有獅牌啤酒及大吉牌美國啤酒。

1950 年代初，多種啤酒在香港出售，包括：太陽啤酒、三馬啤酒、紅仙掌啤酒、藍妹啤酒及嘉士伯啤酒。1950 年代中後期，最平民化的啤酒是酒味不錯的青島。被稱為「流質麵包」及「鬼佬涼茶」的啤酒，逐漸受市民歡迎。

1950 至 1960 年代，香港啤酒市場是青島與生力之爭，當時的大瓶裝約售 1.7 元。同時，每瓶售 1 元的國產雪花啤酒面世，搶去不少市場份額，導致生力於 1967 年推出每瓶售 1 元的青山啤酒，但不久便消失。

1970 年代起，多種各國新牌子啤酒在香港推銷，包括當時稱為「銀獅藥水樽」的盧雲堡啤酒等，形成了激烈的競爭。

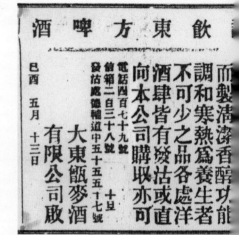

▲ 大東甌麥酒有限公司的「東方啤酒」廣告，1909 年 5 月 16 日。

An advertisement of "Oriental Beer"16 May 1909.

▲ 「香港啤酒」的廣告，1947 年 6 月 11 日。

An advertisement of "Hong Kong Beer",
11 June 1947.

▲ 「生力啤酒」的廣告，1948 年 6 月 2 日。

An advertisement of "San Miguel Beer", 2 June 1948.

洋酒

　　19 世紀中期，各種洋酒多在辦館出售。當時的大代理商為位於皇后大道中 15 號、成立於 1864 年的廣和洋酒行。踏入 20 世紀，包括先施及永安等百貨公司亦有專門售賣洋酒的部門，而洋酒代理行還有律敦治行及連卡佛公司等。

　　1860 年代，一瓶白（拔）蘭地酒售約 2 元，威士忌酒則售 1 元。當年，較馳名的為「三星白蘭地」。曾有一「無情對」（對聯）為：「二月黃梅天　三星白蘭地」，十分著名。「無情對」是指那些只須字句對仗工整，不講究內容的對聯。同時，另一膾炙人口者為：「官門桃李爭榮日　法國荷蘭比利時」。三個國家是以佳釀、汽水及朱古力在港享譽的。

　　二十世紀初的洋酒有拔蘭地、威士忌、毡酒（杜松子酒）、三鞭（香檳）酒、車厘酒（Sherry）、砵酒（Port）及佛（法）蘭西紅酒等。

1906 年的拔蘭地價格，以每瓶計：V.S.O.P.（上老年）港幣 49 元，三星港幣 28 元（相等於普羅市民三、四個月薪金）。

當時的拔蘭地酒牌子有法國干易（邑）城拈美孖田（Remy Martin，即人頭馬）、馬參利、斧頭嘜、佐治四世、拿破崙、被是傑（百事吉）、老人牌及金龍嘜等。

至於威士忌的牌子，則有：黑白、蘇格蘭蒲開能、紅牌獲克、六九威（VAT 69）等多種。

二、三十年代，市面上還有：貓嘜氈酒、荷露士藥質葡萄酒、山地文砵酒及車厘酒，以及廣告標榜「可令乳峰高聳」的施務露酒等。

由戰前的 1940 年起，宴席上以拔蘭地酒為時尚。和平後，多家大酒樓、酒家都接受各大百貨公司的禮券作現金支付酒席費用，將禮券換購洋酒，可見洋酒在當時的受歡迎程度。

▲ 六九威士忌酒的廣告，1941 年 5 月 23 日。

An advertisement of "VAT 69 Whisky", 23 May 1941.

◀ 四玫瑰威士忌酒的廣告，1948 年 5 月 8 日。

An advertisement of "Four Roses Whisky", 8 May 1948.

▲ 惠康有限公司的洋酒及禮品廣告，1948 年 9 月 7 日。

Liquor and gift advertisement of Wellcome Limited, 7 September 1948.

　　1950 年代，最流行的拔蘭地是約售 16 元的「斧頭嘜三星」（20 世紀初售 28 元）。

　　1960 年代流行的有：軒尼詩、拿破崙、馬爹利及人頭馬等牌子的 V.S.O.P.，售價皆約為 25 元。稍高檔的是約售 30 元的長頸 F.O.V.。但在激烈競爭之下，售價越來越便宜。

　　同時，亦有包括紅牌威、老伯威、白馬威及龍津等多種威士忌酒在香港銷售。但中國人普遍認為用麥釀製的威士忌會「削腎」（損害腎臟），故始終不如拔蘭地般普及。

　　婦女則喜愛砵酒（波爾圖葡萄酒），認為可以「補身」。其他流行牌子還有：貓嘜、山地文及文家宜等。説到補身酒，還有施務露酒及安德露金雞鐵樹酒，多在德輔道中 67 號 A 的惠康辦館（多家超級市場亦稱為辦館者）出售。

　　1950 至 60 年代，亦時興溝酒，例如用氊酒溝湯力水或可樂，與威士忌溝蒸溜水（威水）有異曲同工之妙。可是，不少人將拔蘭地溝可樂或七喜等汽水，則不倫不類，將美酒糟蹋了。

　　1980 年起，紅酒逐漸取代拔蘭地酒的地位，大多數人皆以紅酒為時尚。

涼茶

1848 年，香港開設國家（政府）醫院，但要到 1864 年，華人才獲准入內診治。可是，大多數華人多用中醫藥治病。1850 年代，大量藥材行和有中醫駐診的中藥店等，在中上環一帶開設。至於「身燒火熯」或傷風感冒等小病，則飲用藥材店出售的涼茶以作治療。

1869 年，政府憲報刊登告諭，規定每艘運送中國勞工往美國、澳洲及南洋等地的勞工船（俗稱「豬仔船」），須按入數及日數帶備適當份量的表列中藥材數十種，並須有中醫師隨船為勞工診病。若干種藥材是「廿四味」或「十八味」涼茶的材料，可知涼茶在 19 世紀已是市民用作防治疾病的藥品。

當時的中藥材舖，有皇后大道中的仁濟堂、和安堂、誠濟堂及正和堂；水坑口街的養頤堂；乍畏街（蘇杭街）的佐壽堂；文咸街的利貞祥及閣麟街的回春堂等，部分兼售涼茶。

1897 年，一家位於文武廟直街（荷李活道）的王老吉遠恒濟，售賣涼茶。同時，一家位於九龍的普濟堂，售賣及施贈涼茶。

1906 年，一種名為「盒仔茶」的源吉林甘和茶，在蘇杭街源廣和銀硃店出售。王老吉於 1915 年遷往鴨巴甸街 2 號 A。

▲ 街頭涼茶檔，約 1918 年。

Herbal tea stall on the street, c. 1918.

▲ 王老吉遠恒濟涼茶莊遷往文武廟直街（荷李活道）117 號的廣告，1897 年 4 月 8 日。

A removal advertisement of Wong Lo Kat Yuen Hang Chai Herbal Tea Company, to 117 Hollywood Road, 8 April 1897.

▲ 位於上環蘇杭街的源吉林甘和茶的廣告，1906 年。

An advertisement of Yuen Kut Lam herbal tea on Jervois Street, 1906.

▶ 位於蘇杭街 112 號的涼吉林甘和茶店，2006 年。

Yuen Kut Lam Kam Wo Char (herbal tea) Shop on 112 Jervois Street, 2006.

20世紀初，包括太平山街「新孖廟」等部分廟宇，亦提供包括「黃大仙靈方」等神茶藥方，供善信購藥材煎服治病。

1920至1930年代，港九開設了不少涼茶店，部分是附設於中藥店者，除售賣涼茶外還兼售銀菊茶、五花茶，以及伴飲涼茶的山楂餅及陳皮梅等。當時著名的涼茶店有皇后大道中的永春堂藥行，以及荷李活道近差館上街的一樂軒，後者佔兩個地舖，同時售賣蔗水、火麻仁等，設有枱櫈及放置報紙，供街坊消閒；另有一分店於西營盤皇后大道西近多男茶樓開設。

和平後，一樂軒附近的西街兩旁有一家專賣銀菊蕊精及水翁花涼茶的店舖，另一家為接近皇后大道西的唐崇山氏，櫃枱上放置兩個正在飲用涼茶的男女木偶，以作招徠。同時，位於西街（現樂古道）有一家孖鯉魚涼茶店，市街上亦有手提涼茶檔銷售孖鯉魚涼茶。

1947年，上海街400號雙龍洞涼茶舖，開播音機招徠生意，引致多名途人停立門前，被罰15元。

至於涼茶的草藥成份，各有秘方，多以「廿四味」、「十八味」、「水翁花」或「苦瓜乾」作標榜。

1940年代，名牌涼茶店除王老吉、回春堂、孖鯉魚等之外，還有：人之初、冼大聲公、春和堂、恭和堂、曾安堂、黃碧山，以及以竹蔗水、蔗汁馳名的陳賓記，以及於1948年開業、現仍在原址經營的公利等。

▲ 位於油麻地甘肅街的廣智戲院，約 1953 年。右方為位於廟街的恭和堂涼茶舖。

Kwong Chi Theatre on Kansu Street, Yau Ma Tei, c. 1953. Kung Wo Tong Herbal Tea Shop, on Temple Street, is on the left.

▶ 位於九龍油麻地及旺角的春和堂「單眼佬涼茶」廣告，1947 年 10 月 9 日。

An advertisement of Chun Wo Tong Herbal Tea Shop at Yau Ma Tei and Mong Kok, 9 October 1947.

單眼佬茶 退燒解熱 四時感冒

春和堂 利棚傢俬

各處藥房有售

一分行旺角上海街一六五八
二分行旺角鴉款道六六○
總行九龍上海街一八○

外埠定貨

以下為當時的涼茶、蔗汁店名稱及地址：

港島區	
店名	地址
王老吉	中環鴨巴甸街 2 號 A 皇后大道西 105 號及 266 號 灣仔莊士敦道
公利號	荷李活道 60 號
孖鯉魚	上環西街 22 號
平安堂	摩利臣街 10 號
廣生堂	荷李活道 251 號 皇后大道東 269 號（分店）
回春堂（現春回堂）	閣麟街 6 號及 11 號 西營盤第一街 61 號
唐崇山氏	荷李活道 267 號近皇后大道西
啟安堂	永樂東街 13 號及 22 號
曾安堂（曾老安）	鴨巴甸街 10 號
透心涼	威靈頓街 136 號
陳賓記	皇后大道西 236 號 威靈頓街 97 號 禧利街 3 號
曾保安堂	灣仔軒尼詩道 181 號
萬應堂 （以「卑巴桶」（大火油桶） 煲涼茶作宣傳）	灣仔柯布連道 1 號 灣仔道 95 號
人之初	皇后大道東 67 號近聖佛蘭士街
大有益	灣仔春園街 59 號 上環必列啫士街
楊春雷	灣仔春園街
九龍區	
店名	地址
王老吉	上海街 324 號
冼大聲公	上海街 317 號
春和堂 （以單眼佬涼茶作宣傳）	上海街 180 號及 658 號 彌敦道近奶露臣街
恭和堂	廟街 106 號
黃碧山	山東街 41 號 A 公眾四方街（眾坊街）61 號 佐敦道 35 號 荔枝角道 136 號 北河街 149 號

▲ 位於油麻地上海街 180 號的春和堂藥行及涼茶舖，約 1950 年。

Chun Wo Tong Chinese Medicine and Herbal Tea shop on 180
Shanghai Street, Yau Ma Tei, c. 1950.

◀ 位於油麻地眾坊街 61 號
的黃碧山涼茶舖，約 1980
年。

Wong Bik Shan Herbal
Tea Shop on 66 Public
Square Street, c. 1980.

◀ 位於旺角彌敦道 660 號的
春和堂「單眼佬」涼茶舖
（左），約 1963 年。

Chun Wo Tong Herbal
Tea Shop (left) on 660
Nathan Road, Mong Kok,
c. 1963.

一家涼茶店的景象，約 1985 年。

A herbal tea shop, c. 1985.

位於西營盤皇后大道西與西湖里交界的王老吉涼茶莊，2003 年。

Wang Lo Kat Herbal Tea Shop at the intersection of Queen's Road West and Sai Woo Lane, Sai Ying Poon, 2003.

▲ 位於廟街與寧波街交界的春和堂涼茶
舖，2008 年。

Chun Wo Tong Herbal Tea Shop at the
intersection of Temple Street and Ning
Po Street, 2008.

　　踏入 1950 年代，更多涼茶店在港九各區開設，亦有
兼售雪梨茶以至龜苓膏者。1957 年，有線電視「麗的映
聲」開播，部分涼茶店裝設電視機，吸引市民光顧，成為
「迷你」影院。這現象持續至 1967 年無綫電視啟播後才
逐漸消失。

　　涼茶的售價於 1900 年為每碗 2 文（1 仙可兌 10
文），二戰和平後升至 5 仙，1950 年代中調升至 1 毫，
時至今日每碗售 10 元。百多年涼茶的價格，均和報紙的
售價巧合地「掛鈎」，十分有趣。

飲品與甜品

蔗水的價格亦相同，蔗汁則貴一至兩倍。

一家位於德輔道中 203 號、永安公司對面的信遠齋，出售小酒杯裝（約三分之一碗）的酸梅湯，每杯 1 毫，頗為昂貴。

除涼茶外，一家位於威靈頓街、於 1951 年開業的透心涼涼茶店，東邊街的「有天知」，以及灣仔巴路士街大牌檔的「三不賣」，出售每碗 1 毫的羅漢果葛菜水。但最著名的葛菜水，首推位於皇后大道西與甘雨街交界（高陞戲院西鄰）的一靠牆街檔所售賣者，獨沽一味，直到 1980 年代中才停業。

位於灣仔春園街的知名楊春雷涼茶店對開的交加街街口，於 1950 年代初起，有一街邊檔販賣每碗 1 毫的「崩大碗」甜涼茶，一直經營至 1990 年代。

20 世紀初，已見不少糖水檔在各區街頭出現，主要販賣紅豆沙、綠豆沙、海帶綠豆水及麥米糯米花生粥等。1930 年代，亦有不少甜品及糖水大牌檔，位於中上環、灣仔及油麻地等區。

▲ 由佐敦道望向上海街，約 1960 年。左方有一家百吉蔗汁店。

Shanghai Street, looking from Jordan Road, c. 1960. Pak Kut Sugar Cane Juice Shop is on the left.

◀ 位於荷李活道與差館上街交界的一座古舊樓宇，1981 年。汽車右方是一家出售「銀花蕊精」的店舖。（圖片由何其銳先生提供。）

An old building at the intersection of Hollywood Road and Upper Station Street, 1981. A shop selling white chrysanthemum tea is beside the car.

和平後的 1950 年代，大量甜品檔及大牌檔在各區開設，若干檔位於士丹頓街、急庇利街、修打蘭街、柯布連道，以及油麻地廟街和深水埗桂林街等。

　　所出售的糖水除「大路」的紅豆沙、綠豆沙外，還有芝麻糊、杏仁茶、花生糊、番薯糖水、海帶綠豆水、牛奶麥皮，以及湯丸和糖不甩等甜品。

　　其中，最悠久的一檔是由士丹頓街遷至依利近街近荷李活道、現仍經營的玉葉甜品。在 50 年代，其對面的依利近街 3 號舖位前有一個臭草綠豆沙檔，以及一個在晚間挑賣的芝麻糊及花生糊檔。

　　一個位於皇后大道西與修打蘭街交界的紅豆沙、綠豆沙靠牆檔口，則由 1960 年代起一直經營至約 1990 年。

　　同在西營盤經營的甜品店，有一家位於皇后大道西 282 號、鄰近多男茶樓的源記甜品店。1960 年代後期，每碗糖水售 1 毫，每件雞蛋糕亦售 1 毫，花 2、3 毫子便有甜美的享受。該店後來遷往正街，筆者最喜歡的是其芝麻糊及桑寄生蓮子雞蛋糖水。1980 年代，其門前泊滿名貴汽車，一如火鍋檔雲集的皇后街。

　　1970 年代，灣仔馬師道有一個販賣渣咋糖水及糯米飯的街檔，現時已「入舖」營業。另一「鵝記」渣咋店則於同期在油麻地廟街、榕樹頭旁營業。附近的炮台街與甘肅街之間，亦有一家名為「寶蓮」的糖水店。

　　同時，有部分涼茶、蔗汁店如華樂園及別不同等，出售冷藏的紙包糕品，如：椰汁糕、蔗汁糕、馬豆糕及紅豆糕等，每件售 2 毫，亦頗受歡迎。

第十六章 雪糕與雪條

一

香港開埠初期，部分會所、酒店及食肆已有供應稱為「大菜」的西餐、奶類及雪糕等。早期的雪（實為冰）是由一家位於雪廠街與皇后大道中交界、於1845年成立的雪廠所供應；冰塊是來自北美。

1870年代，開始有人工製冰，雪糕亦開始盛行。

1886年，位於薄扶林區的牛奶公司冰廠成立，除製冰外，亦大規模生產雪糕。

1900年起，有多家專營牛奶、「唉士忌廉」(ice-cream) 及蛋黃鮮奶雪糕的食店，位於中環閣麟街，包括在6號的麗真、26號的陶志園、36號的永熙興記，以及40號的勝記，吸引華洋商業區的中外人士光顧。

在菲律賓製造雪糕起家的華僑馬玉山，於1911年移居香港，在皇后大道中98號開設茶樓和冰室等，兼售雪糕。馬玉山後來在上海開設分店，出售包括「冰淇淋」（雪糕）、「冰棒」（雪條）、糖果等食品。

1913年，在德輔道中27號開業的安樂園餐廳，所生產的雪糕亦頗為馳名。

1920 至 1930 年代，各大小餐廳、飲冰室及西式辦館，普遍有雪糕供應。雪糕亦為中上階層人士所喜愛。一家位於堅道 65 號、於 1915 年成立的甄沾記，其椰子糖及椰子雪糕，亦頗受歡迎。

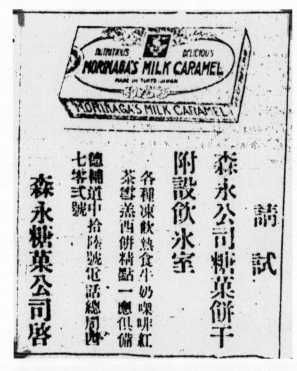

◀ 位於德輔道中 16 號的森永公司飲冰室供應雪糕的廣告，1924 年 9 月 1 日。

An advertisement of Café of Morinaga Company, on 16 Des Voeux Road Central, serving ice cream, 1 September 1924.

◀ 安樂園有限公司的糖果、雪糕廣告，1924 年。

An advertisement of candies and ice cream by On Lok Yuen Limited, 1924.

皇后大道中與畢打街交界，約 1950 年。右方的香港大酒店與左方的美利權餐廳皆有雪糕供應。

Intersection of Queen's Road Central and Pedder Street, c. 1950. Ice cream is both served in Hong Kong Hotel (right) and American Restaurant (left).

九龍順記雪糕 九龍彌敦道七四九號（面對東樂戲院對面）六月一日開始營業 有週年糕雪記順 賣

▲ 九龍順記雪糕的開市廣告，1953 年 5 月 29 日。

An advertisement of the opening of Shun Kee Ice Cream in Kowloon, 29 May 1953.

日據時期的 1942 年，香港市面仍有一種菲士蘭雪糕出售。1945 年 8 月 14 日，位於記利佐治街，原為牛奶公司冰廠的南日本漁業統制株式會社，批發一種「大公司雪糕」，但價格高昂，有能力購買者不多。

和平後，多家公司生產雪糕及雪條，包括：銅鑼灣怡和街的牛奶公司、雲咸街的順記、威菲路道的安樂園、堅道的甄沾記、軒尼詩道的菲士蘭、深水埗南昌街的中華、欽州街的芬蘭，以及醫局街的可可。

上述多家牌子的雪糕當中，以順記最為高檔，安樂園及牛奶公司最為普遍。安樂園的品種有雪糕磚、雪糕批、蓮花杯、三文治、冰糕條及雪條等。

多家公司都有附設冷藏櫃的單車沿各大小街道及在公園旁推銷，尤以安樂園的「青蓮（紫）色」制服及雪糕車最為顯著。

◀ 安樂園有限公司有關單車雪糕販的通告，1954 年 5 月 22 日。

Notice on bicycle ice cream stalls of On Lok Yuen Limited, 22 May 1954.

▲ 由雲咸街西望皇后大道中，約 1953 年。左方為位於與德己立街交界的安樂園飲冰室分店。

Queen's Road Central, looking west from Wyndham Street, c. 1953. A branch store of On Lok Yuen Café is on the left, at the intersection of Queen's Road Central and D'Aguilar Street.

▶ 安樂園餐廳及雪糕的廣告，1956 年 8 月 23 日。

An advertisement of On Lok Yuen Restaurant and ice-cream, 23 August 1956.

安 樂 園

≡ 增設冷氣 ≡

（一）安樂園正舖餐樓
（二）安樂園支店 上環德輔道中設洗個
（三）安樂園支店 灣仔莊士敦道設個

以上地址全部設裝美式冷氣機

今 年 本 公 司

雪糕銷量 增加一倍

證明品質高超滋料豐富

香港安樂園有限公司

由和平後至 1960 年代初，雪糕的售價大致為：雪糕磚 4 毫、蓮花杯 3 毫、雪糕批、雪糕筒及冰糕條 2 毫，雪條則為 1 毫。

1950 年代，雪條有包括紅豆、綠豆、沙示、橙汁、菠蘿、芒果、牛奶、提子、蘋果及雲尼拉等多種味道，每枝售 1 毫。因為售價在兒童及小學生消費能力之內，故為一龐大市場，引起多家機構競逐。

當時的熱門產品有：香港荳品公司的維他雪條、義和隆米業的寶寶雪條、牛奶公司雪條、紐約雪條、芬蘭雪條，以及一間名為「可樂公司」生產的雪條等。

以往，小朋友喜愛將多枝雪條木棍用橡膠圈疊紮成一燕子狀的小木筏，在燕尾部分再加上橡膠圈，纏夾一小段雪條棍，作為發動陀，將陀撥轉多下，放在水面，小筏便會像箭一般向前衝，饒有趣味。

為爭取兒童的 1 毫消費，各雪條生產公司各出奇謀，在雪條棍上大做工夫。

維他雪條在棍上印有一個單字，集齊 28 個單字，即「維他雪條好香甜、機器製造確新鮮、絕對消毒無細菌、既合衛生又慳錢」，便可換取學生們夢寐以求的籃球一個。小朋友大量購食，同學間互相交換，以求集齊字數。可惜，往往找不到句末的「錢」字，只好放棄，美夢幻滅。這故事亦教訓小朋友，「錢」是很難搵得到的。

可樂雪條隨即仿效，創設「可樂雪條、美味可口、營養衛生、馳名港九」的 16 字真言，獎品亦為籃球。不過，當中的「馳」字亦如鳳毛麟角般難找，小朋友心灰意冷。

為挽回頹勢，維他雪條改在雪條紙包內附送一張以三國人物為主題的彩色「公仔紙」，引起一股蒐集風氣。一時間，劉備、孔明、關羽、周瑜、馬超、陸遜等人物，成為一般市民的熱門話題。

　　稍後，寶寶雪條另出新招，將雪條棍改用透明塑膠製造，在膠棍的一端壓製成一小玩具，如刀、槍等十八般武品、湯匙、叉，及玩具汽車等。牛奶公司則製成一長型塑膠積木，可拼疊成各種玩意。直到 1960 年，雪條爭奪戰才因多家公司退出市場而停止。

　　再之後，曾於短期內出現一種「孖條」，但因當時生活漸趨寬裕，雪條已不是時尚。

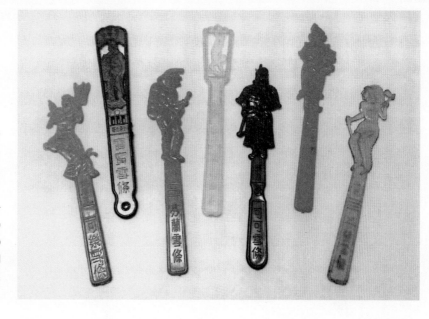

▶ 可樂、寶寶、芬蘭及可可的透明塑膠雪條棍，約 1959 年。（圖片由張西門先生提供。）

Transparent ice pop plastic sticks by Ho Lok, Bo Bo, Finland and Ho Ho Companies, c. 1959.

▼ 位於銅鑼灣渣甸街 1 號的白熊雪糕公司
開業廣告，1952 年 5 月 20 日。

An advertisement of the opening of
White Bear Ice Cream Company, on 1
Jardine Street, 20 May 1952.

在每年的工展會，末段的十三、十四街，總有一個
雪糕公司的攤位，以「擲一毫拋階磚」的方式，進行博取
獎品，落空者可獲小型雪糕三文治一盒，大受歡迎。亦
有一合眾雪糕廠的攤位，出售珍珠雪糕及飛彈雪糕。

1950 年代至 1960 年代末，還可嚐到較冷門牌子的
本地雪糕，如兄弟、快樂、天天、奇香村及鐵罐裝的「白
熊」等，部分更為品質上乘。

而皇上皇臘味店也曾供應火焰雪糕及香蕉船。

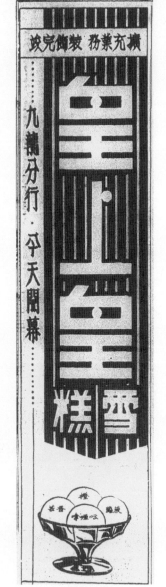

▶ 皇上皇雪糕的廣告，1958 年
4 月 19 日。

An advertisement of King
of the Kings Ice Cream
Company, 19 April 1958.

▲ 由興隆街望向德輔道中，1962 年。正中的英華餐室、皇上皇公司及威靈頓餐廳皆有雪糕供應。

Des Voeux Road Central, looking from Hing Lung Street, 1962. Ice cream is served in Ying Wah, King of the Kings and Wellington Restaurants.

▼ 由亞皆老街南望彌敦道，約 1962 年。右方為皇上皇雪糕店。

Nathan Road, looking south from Arygle Street, c. 1962. King of the Kings Ice Cream Shop is on the left.

▲ 停泊於灣仔柯布連道的雪糕車，1992 年。

Ice cream van parked on O'Brien Road, Wan Chai, 1992.

　　1960 年代末，牛奶公司的雪糕產品差不多獨領風
騷，與其對壘的是芬蘭、紐約等幾個品牌。

　　1970 年代末期起，牛奶公司在各繁盛地點開設有多
種不同口味供挑選的雪糕屋，曾流行一時，但三數年後
便全部消失了。

第十七章

汽水與果子露

一

1793 年,玉泉汽水在瑞士日內瓦面世。其後,始創人移居英國,於 1790 年在倫敦設廠,生產梳打水及檸檬水,後在多個場合和展覽會巡迴推銷。 1835 年,玉泉名下的產品獲得皇室證書。

1850 年代,維多利亞女皇亦喜飲汽水,汽水因而在英國大為流行。

1841 年在佔領角(上環大笪地)創立的香港大藥房,於 1858 年被屈臣氏大藥房收購。 1876 年,屈臣氏在香港設「水房」(汽水廠)生產荷蘭水(汽水),以及果子露。

迄至 20 世紀初,汽水普遍被稱為「荷蘭水」,名稱源於 1850 年代首批付運往中國及香港地區之汽水之荷蘭船隻。實際上,香港地區從未由荷蘭進口汽水。

1874 年,一家位於荷李活道近水坑口街交界的遠芳圃,除售賣藥材外,亦經營汽水生意,當時,汽水的英文名稱為「Aeratta Water」。

1870 年代,生產汽水的還有老德記,以及位於皇后大道中 32 號的德健兄弟公司,生產德健牌汽水。

◀ 生產汽水之德建藥房的廣告，1893 年。

An advertisement of aerated waters manufactured by Victoria Dispensary, 1893.

▼ 位於皇后大道中 32 號的德建藥房，約 1900 年。所在現為馬莎百貨。

Victoria Dispensary on 32 Queen's Road Central, c. 1900. The site is where Marks and Spencer situated nowadays.

屈臣氏荷蘭水的廣告，1913 年
5 月 6 日。

An advertisement of aerated
water by Watson's Dispensary, 6
May 1913.

屈臣氏汽水房的荷蘭水廣告，
1916 年 6 月 14 日。

An advertisement of aerated
water by Watson's Dispensary,
14 June 1916.

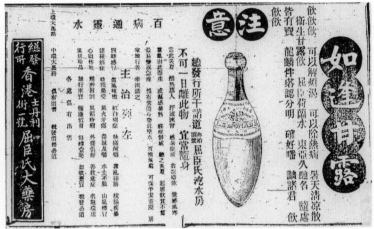

皇后大道中，約 1890 年。正中為與德己立街交界、屈臣氏屬下的香港大藥房。右方的高等法院現為華人行。

Queen's Road Central, c. 1890. Hong Kong Dispensary, a Watson's subsidiary, is at the centre, at the intersection of Queen's Road Central and D'Aguilar Street. The Supreme Court, where China Building is situated today, is on the right.

根據 1881 年政府憲報的記載，當時已有 30 名華人從事製造檸檬水及荷蘭水的行業。

1884 年，市面上有「洋果子味糖水」出售。同年，屈臣氏果子露上市，宣稱用果子露數滴，加上酒及清水，即成鮮果汁。

1901 年，皇后大道中 31 號（所在後來為皇后戲院）的威健藥房，生產威健汽水。同時，一位華籍教師莫理智，亦在荷李活道的校址製造化妝品，以及沙示、高拉（Cola）及三鞭（香檳）等汽水出售。

1904 年，一家由華人創辦、頗具規模的安樂水房（汽水廠），在灣仔皇后大道東 55A 至 59 號開設，英文名為 On Lok，一度改名為 Connaught，以紀念於 1906 年第二次訪港的英國干諾公爵。該廠工人曾組成名為「水房」及「和安樂」的工會，後來均被當局視為非法組織。

曾在德健汽水廠工作商人馮福田，於 1898 年在廣州成立廣生行化妝品廠。1905 年在蘭桂坊開設香港分行，生產「雙妹嚜」商標的化妝品，同時亦生產汽水，以及供市民自製汽水的果子露及汽粉等材料。該公司位於天后威菲路道的新廠房於 1912 年落成，附設一製樽及螺絲瓶蓋廠。該廠旁邊有一條玻璃街。

廣生行亦出售英製的「士迫力連汽珠的汽水瓶」。

1906 年，有一家位於利源東街 12 號的「兆興荷蘭水」舖，以及位於荷李活道、生產「菩提仙露水」的歧山氏公司。

1907 年，有一丹尼北水房（汽水廠），申請用醒獅作商標註冊，但官判獅嘜已為安樂水房所用而否決申請。

1908 年，還有一家位於石塘咀的同樂水房。同年 7 月，有一家於西環卑路乍街 39 號開業的石泉汽水公司。該公司曾舉辦賑災義賣。

1910 年，屈臣氏水房由皇后大道中 36 號（現興瑋大廈所在）遷往七姊妹新填地的新廠房（所在現為屈臣道海景大廈）。當時，屈臣氏香港廠及廈門分廠，供應美國軍艦所需的汽水，品種有檸檬、桑子、湯力、沙示、橙露、薑啤及梳打。

同年，一家製造荷蘭水、化妝品及花露水的妙生行，在皇后大道中 276 號開業，但一年後結業。該址於 1931 年建成中央戲院。

於 1913 年成立的安樂園餐廳，位於德輔道中，亦生產汽水。同時，位於皇后大道中 98 號的馬玉山茶樓餐室，亦於 1915 年生產果子露及汽水。

1920 年起，各水房紛紛改用現時之水松底鐵瓶蓋，以取代「汽珠士迫力瓶」。此種新型「荷蘭水蓋」，被用作形容殖民地時代的勳章。

1921 年，源和洋行生產多種味道的汽水。

1922 年，先施百貨公司生產老虎牌的多種果子露，當中以杏仁露最受歡迎。

1924 年，市面上有一種「湯喜露汽水」。該水房同年發起賑濟粵省三江水災，知名人士郭春秧（北角的春秧街以他命名）捐出鉅款賑災，獲贈飲湯喜露汽水一枝。

1930 年，一種美國汽水的中文名稱，被譯作「可口可樂」，相傳譯者為學者蔣彝。早期，可口可樂是由屈臣

▲ 位於灣仔皇后大道東 63 號的安樂汽水房中國上等「荷蘭水」（汽水）廣告，1908 年 12 月 28 日。

An advertisement of aerated water by On Lok Soda Water Factory, on 63 Queen's Road East, Wan Chai, 28 December 1908.

氏監製生產，而屈臣氏本身出品之 Cola 汽水，中文譯名則為「哥喇」。

　　1940 年，由羅桂祥創立之香港荳品有限公司，出品之維他奶及朱古力維他奶面世。早期的汽水樽是一如牛奶瓶者。

　　淪陷時期，北角屈臣氏汽水廠，被改作「香港佔領地總督部管理飲料水工場」，以「香港汽水」之名稱出品多種汽水。安樂園及安樂汽水廠則仍照舊生產，1942 年底售價約為每瓶 90 錢（約港幣 3.6 元）。

◀ 由灣仔聖佛蘭士街西望皇后大道東，約 1918 年。左方為安樂水房（汽水公司）總局。

Queen's Road East, looking west from St. Francis Street, Wan Chai, c. 1918. On Lok Soda Water Factory is on the left.

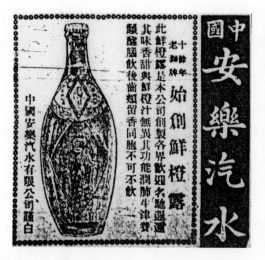

▲ 安樂汽水公司鮮橙露的廣告，1924 年。

An advertisement of orange aerated water by On Lok Soda Water Company, 1924.

▲ 灣仔李節街，約 1950 年。正中為位於皇后大道中的安樂汽水廠。

Li Chit Street, Wan Chai, c. 1950. On Lok Beverage Factory, on Queen's Road Central, is in the middle.

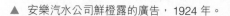

▲ 位於皇后大道中 98 號的馬玉山有限公司之糖果、餅乾、果子露、汽水及雪糕廣告，1916 年 6 月 14 日。

An advertisement of candies, biscuit, fruit juice, soda water and ice cream by M. Y. San Company Limited, 14 June 1916.

▲ 位於皇后大道中 31 號的威建汽水房的易手廣告，1915 年 5 月 21 日。

An advertisement of the changing hands of Watkin Soda Water Factory, on 31 Queen's Road Central, 21 May 1915.

▲ 源和洋行的汽水廣告，1921 年 6 月 23 日。

A advertisement of aerated water by Grand, Price & Company Limited, 23 June 1921.

▲ 在賑災賣物會啟事內的安樂及湯喜露汽水，1924 年 9 月 9 日。

On Lok and Tong Hei Lo aerated waters displayed on a charity fair notice, 9 September 1924.

▲ 屈臣氏「哥喇」汽水的廣告，1948 年 11 月 4 日。

An advertisement of Super Cola by Watson's, 4 November 1948.

和平後，多種新品牌汽水湧現。

1948 年，設於北角馬寶道的甘泉公司，生產士巴牌汽水，當中有菠蘿汁及美提露。

1949 年，菲律賓大同公司在長沙灣青山道 350 至 352 號設廠，生產多種汽水，大枝售 2 毫，細枝售 1 毫半，為當時最平。1960 年代，曾用「大同樂」作宣傳。

1950 年 6 月 1 日，位於灣仔克街 9 號的東亞汽水廠開幕，汽水產品中有「北平萬芳齋酸梅湯」。

同年，還有一間位於德輔道中 106 號的怡隆大喜汽水廠，以及深水埗欽州街 44 號的中華汽水廠。

同於 1950 年，香港荳品公司監製綠寶鮮橙汁。1952 年，該公司的維他奶由鮮奶瓶裝改為汽水瓶裝。1955 年，該公司亦出品一種紅寶梅子露。

1955 年 7 月，美國的「多益」(Tru-Ade) 香橙汁上市，標榜為「無氣」(Not Carbonated)，每枝售 3 毫。

1957 年，可口可樂改由太古屬下的香港汽水廠監製，以取代屈臣氏。當時，屈臣氏的廠房位於九龍城宋皇臺道與木廠街交界，批發處則位於北角屈臣道。

當年，亦有一家紐約汽水廠生產藍鷹牌汽水。1957 年 6 月 6 日，另一美國汽水品牌百事可樂在港上市，由香港荳品公司監製。同時，該公司將銅鑼灣記利佐治街的工廠遷往黃竹坑香島道（兩年後改名為黃竹坑道）的新廠房。

1958 年，新奇士橙汁及檸檬汁面世。而同年面世的還有一種每瓶售 4 毫的特大樽裝得寶可樂（Double Cola）。

當時，市面上的汽水還有：寶利、百寶、亞洲、衛力奶，以及老牌的玉泉和七喜等，後兩者於 1970 年代以「Non Cola」作標榜。

不少人喜用玉泉忌廉「溝」（混）安樂園的雪糕磚品嚐，視為佳味。另一妙品為屈臣氏沙示。「嗝」過飲沙示水，為當時流行的口頭禪。

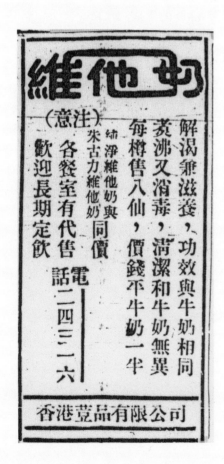

◀ 維他奶及朱古力維他奶的廣告，1940 年 4 月 27 日。

An advertisement of Vitasoy and Chocolate Vitasoy, 27 April 1940.

▲ 小呂宋（菲律賓）大同汽水公司香港分廠的開幕廣告，1949 年 5 月 28 日。

An advertisement of the opening of Philippines Cosmos Beverage Factory in Hong Kong, 28 May 1949.

▲ 大同汽水廠的廣告，1955 年 8 月 1 日。

An advertisement of Cosmos Beverage Factory, 1 August 1955.

◀ 綠寶鮮橙汁的廣告，附女星紅線女的簽名，1954 年 2 月 21 日。

An advertisement of Green Spot orange beverage, with autography of famous Chinese actress and Cantonese opera singer, Hung Sin Nui, 21 February 1954.

▼ 紅寶梅子露的廣告，1955 年 4 月 20 日。

An advertisement of Red Spot Prune-ade beverage, 20 April 1955.

▲ 士巴汽水廠「美提露」汽水的廣告，1955
年6月3日。

An advertisement of "Mutell" beverage by
Spa Factory, 3 June 1955.

▲ 士巴可樂的廣告，1956年
3月31日。

An advertisement of Spa
Cola, 31 March 1956.

▼ 多益香橙汁的廣告，1955年7月13日。

An advertisement of Tru-Ade orange beverage, 13 July 1955.

◀ 屈臣氏橙蜜的廣告,1956 年 4 月 4 日。

An advertisement of Zest orange beverage by Watson's, 4 April 1956.

▼ 屈臣氏沙示的廣告,1956 年 6 月 7 日。

An advertisement of Sarsi soft drink by Watson's, 7 June 1956.

▼ 位於黃竹坑香島道(黃竹坑道)百事可樂新廠開放日的廣告,1957 年 6 月 6 日。

An advertisement of the opening days of the new factory of Pepsi-Cola on Island Road (Wong Chuk Hang Road), 6 June 1957.

1960 年的新品種有：士必利和發達（後來改譯作「雪碧」和「芬達」）。一年後，有新西蘭的「豐力奶」（Fernleaf Milk）供應市面，但於數年後消失。

　　約 1965 年，內地的珠江牌汽水輸港發售，味道有橙、蘋果、檸檬及白雲（沙示），其特別之處是不需回樽。筆者對於蘋果汽水的味道，印象深刻。

　　1970 年代初起，不需要回樽的鋁罐裝可口可樂，以及紙盒裝維他奶面世，花多一些錢去換取（不需按樽及回樽的）便利，廣受市民尤其是年輕一代的歡迎。當時，亦有塑膠瓶的一公升裝汽水面世。

▼ 於 1937 年（左）及 1946 至 1950 年間（右）流通的綠寶橙汁闊口汽水瓶。後者有牛奶公司字樣。（圖片由張西門先生提供。）

Wide-mouth bottles of Green Spot orange beverage, used between 1937 and 1940s (left), and 1946 and 1950s (right). The name of The Dairy Farm Co. Ltd. is printed on the latter.

▼ 維他奶闊口汽水瓶，1940 年代。（圖片由張西門先生提供。）

Wide-mouth bottle of Vitasoy, 1940s.

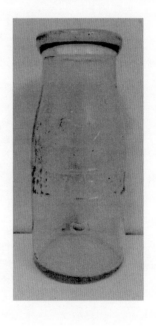

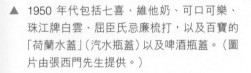

▲ 1950 年代包括七喜、維他奶、可口可樂、珠江牌白雲、屈臣氏忌廉梳打，以及百寶的「荷蘭水蓋」（汽水瓶蓋）以及啤酒瓶蓋。（圖片由張西門先生提供。）

"Dutch" soda bottle caps of Seven Up, Vitasoy, Coca Cola, Pearl River Sarsi, Watson's Cream Soda and Bubble Up, 1950s.

▲ 位於深水埗小輪碼頭對面的北河街及通州街交界的一間士多的汽水廣告，約 1960 年。

Soft drink advertisements on a store at the intersection of Pei Ho Street and Tung Chau Street, opposite the Sham Shui Po Ferry Pier, c. 1960.

▼ 淺水灣道上一輛屈臣氏汽水車，約 1960 年。

A beverage car of Watson's on Repulse Bay Road, c. 1960.

▲ 位於沙田火車站對面的沙田墟店舖上的汽水廣告，約 1960 年。

Soft drink advertisements on shops in Sha Tin New Town, opposite the Sha Tin Railway Station, c. 1960.

▼ 位於何文田楠道（現公主道）一幢屋宇上的豐力奶及寶利汽水廣告，約 1962 年。

Advertisements of Fernleaf milk and Bireley's beverages on a building on Nairn Road (Princess Margaret Road), Ho Man Tin, c. 1962.

銅鑼灣的一家洋酒汽水士多，1974 年。

and soft drink store in Causeway Bay, 1974.

▲ 位於北角屈臣道的屈臣氏大廈（現海景大廈），約 1973 年。其左端是香港電燈公司的舊電力廠，現為城市花園屋苑。

Watson's Building (today's Sea View Mansion) on Watson Road, North Point, c. 1973. The old power plant of Hong Kong Electric Company, where City Garden is situated today, is on its left.

第十八章　奶品與奶場

　　1845 年，雪廠（其實是冰廠）在雪廠街落成，貯藏由外國運至的冰塊。到了 1874 年，才有人工製冰之機器從外國輸入。稍後，包括域多利亞雪廠等若干間人工製冰廠在香港落成。冰廠落成後，對於乳品業及雪糕業的發展有很大的幫助。當中一家較大規模的冰廠，是於 1881 年創設的「香港雪廠」。

　　1884 年，有一家怡昌號出售牛奶糕（牛油）。同年，屈臣氏藥房出售代乳粉（奶粉）。

　　1900 年，有西菜店供應「異味正牛奶雪糕」。同年，一家東山牛奶公司，在跑馬地黃泥涌村一帶開設牛奶房。

　　1901 年，市面有進口的藍公嘜牛奶及企公牛奶出售。「企公牌」（Milkmaid）為罐頭煉奶。

　　1904 年，有鵲（雀）巢嘜（Nestle's）奶粉及牛油出售。發售地點為各大辦館及藥房。同時，有若干間牛奶廠設於九龍城以東鑽石山一帶。

　　1909 年，上環一帶的燕窩莊亦出售代乳粉。

　　1910 年，牛奶公司出售鮮「士兼奶」（skim milk），每瓶 5 仙。

▲ 企公嘜煉奶的廣告，1907 年。

An advertisement of Milkmaid condensed milk, 1907.

▼ 好立克麥精牛乳粉的廣告，1918 年 7 月 3 日。

An advertisement of Horlick's malted milk powder, 3 July 1918.

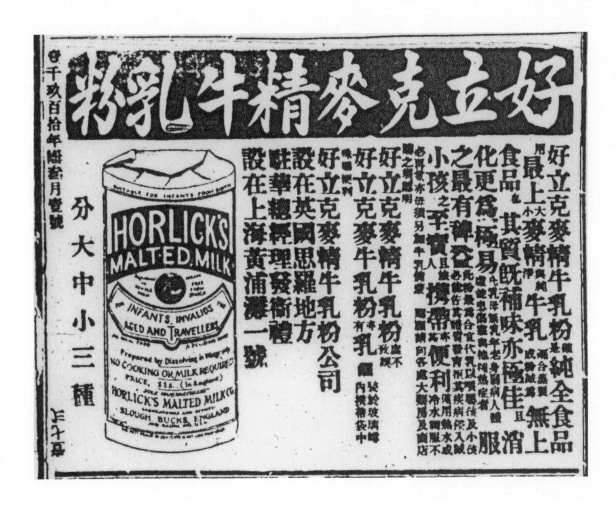

1886 年始創的牛奶公司冰廠，在薄扶林、銅鑼灣東角及荔枝角擁有龐大的牛場、工場及冰廠。1912 年與於 1881 年創辦的香港雪廠合併。該公司在中環雲咸街及尖沙咀彌敦道設有牛奶和肉類銷售處，所在現分別為藝穗會及文遜大廈。

　　1910 年，同位於閣麟街的勝記及陶志園牛奶公司，均供應鮮奶及雪糕。直到 1960 年代，各區皆有此種牛奶公司，供客人堂食包括燉奶等各種奶類食品及飲品。五、六十年代，知名的奶品食店還有永吉街的仁興、皇后大道西的大東，以及白加士街的澳洲牛奶公司等。

　　當時，有一家維記牛奶公司供應牛奶。1940 年，另一間英文名稱為 Kowloon Dairy 的九龍維記牛奶公司成立。

　　戰後，有不少生產牛奶的養牛場位於鑽石山一帶，而部分地段約於 1960 年轉變為鳳凰新邨。

　　1960 年代中，仍見有按址逐戶派送瓶裝鮮奶的服務。

　　20 世紀初，已有企公牌、鷹嘜及三花牌煉奶和淡奶出售，不少被用作餵養嬰兒。

　　和平後，知名的煉奶品牌為壽星公、四牛、牛車及鷹嘜，發售處為各大辦館。知名的辦館和超級市場包括牛奶公司屬下的惠康，以及牛奶公司與連卡佛合辦的大利連（Dairy Lane）。大利連約於 1994 年轉名為惠康。

　　1950 年代馳名的奶粉為包括「牛欄牌」及「勒吐精」（力多精）。

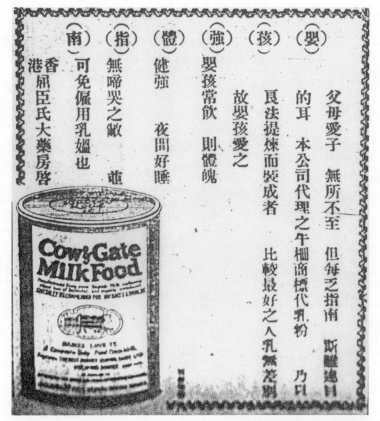

▶ 牛柵商標代乳粉（牛欄牌奶粉）的
　廣告，1924 年 5 月 16 日。

An advertisement of Cow & Gate
milk powder, 16 May 1924.

▼ 由波斯富街東望軒尼詩道，約
　1957 年。正中的牛奶公司冰廠現
　時為恒隆中心及皇室大廈。

Hennessy Road, looking east
from Percival Street, c. 1957. The
Dairy Farm Ice and Cold Storage
in the middle is where Hang
Lung Centre and Windsor House
situated nowadays.

▲ 位於薄扶林道的牛奶公司冰廠，1985 年（圖片由陳創楚先生提供。）

The Dairy Farm Ice and Cold Storage on Pokfulam Road, 1985.

▼ 牛奶冰廠有限公司的「再造奶」廣告，1938 年 3 月 22 日。

An advertisement of "reconstituted milk" by Dairy Farm Ice and Cold Storage Company Limited, 22 March 1938.

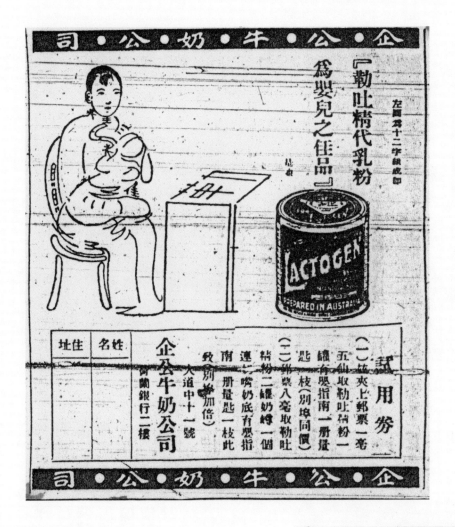

▲ 勒吐精（力多精）代乳粉（上）及桂格嘧（麥）片
（下）的廣告，1927 年 7 月 30 日。

Advertisements of Lactogen milk powder
(upper) and Quaker oatmeal (lower), 30 July
1927.

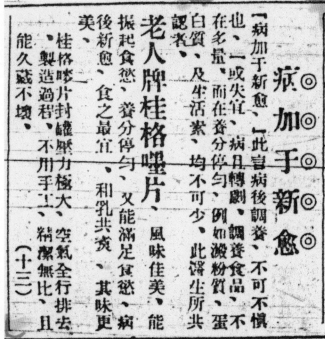

第十九章　西式食品與飲品

19 世紀後期，在華文報章上已有名為「穀糕粉」，或稱為「哈咕」的可可粉廣告。最多廣告的品牌是「潘維露」及「溫厚頓」（即「金鷹」）。

同時，在各辦館及雜貨店出售的還有果占，味道有士多啤梨及橙等。

1910 年，有葵家（桂格）麥粉及麥片在華人社區推銷。同時推廣的還有一種「好立克」麥精類飲品。稍後，亦有一種名為「阿華田」的麥芽飲品。

至於廣受中外人士喜愛的咖啡，亦於 20 世紀初在華人社區流行。1910 年代，一家名為 The Graeco Egyptian Tobacco Store 的咖啡銷售店在香港成立。俟後，大量咖啡室在各區開設。

▲ 位於中環閣麟街 6 號的西宴館的西菜廣告，1900 年 6 月 14 日。

An advertisement of the western cuisine by Sai Yin Koon Restaurant, on 6 Cochrane Street, Central, 14 June 1900.

位於威靈頓街 164 號的華美西菜館的開業廣告，1901 年 3 月 28 日。

An advertisement of the opening of Wah Mei Restaurant on 164 Wellington Street, 28 March 1901.

▶ 潘維露穀糕粉（上）及鷹嘜牛奶（煉奶）（下）的廣告，1908 年 7 月 20 日。

Advertisements of Bournville Cocoa (upper) and Eagle Brand condensed milk (lower), 20 July 1908.

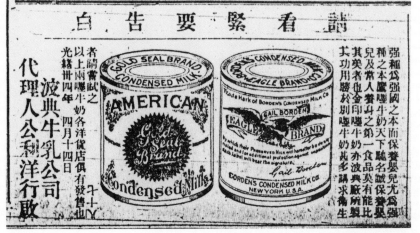

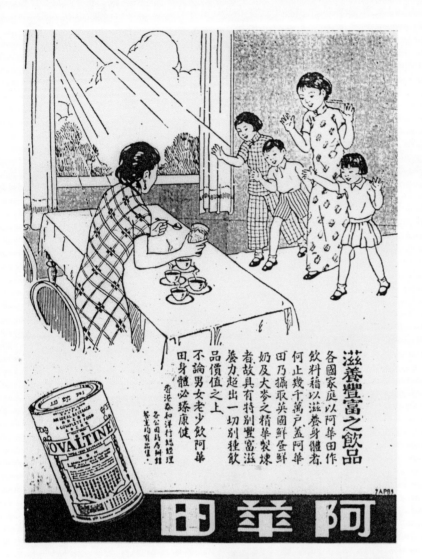

◀ 阿華田飲品的廣告，1935 年 3 月 22 日。

An advertisement of Ovaltine beverage,
22 March 1935.

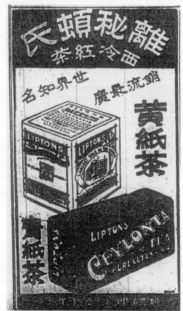

▶ 離秘頓氏（立頓）黃紙茶（左）及 C
& B 果占（右）的廣告，1953 年。

Advertisements of Lipton's tea
(left) and C & B jam (right), 1953.

▲ 由洪聖古廟東望灣仔皇后大道東，約 1918 年。左方可見同嗜園牛奶咖啡室。

Queen's Road East, looking east from Hung Shing Temple, c. 1918. Tung Si Yuen Café is on the left.

位於皇后大道中 2 號的花旗酒店的新年餐單，1906 年 1 月 1 日。

New Year meal menus of American Hotel, on 2 Queen's Road Central, 1 January 1906.

位於閣麟街 36 號的永興熙記牛奶公司的廣告，1908 年 12 月 30 日。該餐廳所在的樓宇現仍存在。

An advertisement of Wing Hing Hei Milk Company, on 36 Cochrane Street, 30 December, 1908.

▼ 由右至左，位於德輔道中的怡園西餐店、文咸東街的文園西菜館，以及威靈頓街的威靈頓餐室的廣告，1927 年 9 月 2 日。

From right to left, advertisements of Yee Yuen Restaurant, on Des Voeux Road Central, Man Yuen Restaurant, on Bonham Strand East, and Wellington Restaurant, on Wellington Street, 2 September 1927.

▶ 安樂園有限公司的廣告，1927 年 9 月 2 日。

An advertisement of On Lok Yuen Limited, 2 September 1927.

▼ 位於遮打道的思豪大酒店西餐室的餐單，1931 年 3 月 23 日。

Menus of Hotel Cecil's restaurant, Chater Road, 23 March 1931.

▼ 由雪廠街西望德輔道中，約 1936 年。左中部門牌 14 號的交易行（連卡佛大廈）地庫開有威士文餐廳。右方的英皇酒店即將改為中天行及思豪大酒店。

Des Voeux Road Central, looking west from Ice House Street, c. 1936. Café Wiseman is situated at the basement of Exchange House on 14 Des Voeux Road Central on the middle left. King Edward Hotel on the right was later changed to Chung Tin House and Hotel Cecil.

1956 年 12 月 3 日，美心餐廳（Maxim's）在中環德輔道中 14 號連卡佛大廈地庫威士文餐室的原址開業。美心並提供上門代辦西菜、雞尾酒會及茶會等服務。

　　由戰後直到 1970 年代，最為中環上班一族熟知的咖啡店，是位於戲院里畢打行地下，被稱為「蛇竇」的樂香園咖啡室。其出品的烘賓（bun）、杯子蛋糕、椰撻及雞批，均十分美味。1970 年，一杯咖啡加一件包或餅的消費為 7 至 8 毫。

　　1957 年 9 月，位於德輔道中萬宜大廈地舖的蘭香室茶餐廳，以及位於中華總商會大廈地舖的蘭香閣茶餐廳先後開業。

◀ 位於德輔道中 60 號的蘭香室餐室的西式食品廣告，1937 年 6 月 20 日。

An advertisement of the western food by Lan Heung Sat Café, on 60 Des Voeux Road Central, 20 June 1937.

◄ 位於上環德輔道中 291 號
的太平館的廣告，1947
年 4 月 26 日。

An advertisement of Tai
Ping Koon Restaurant,
on 291 Des Voeux Road
Central, 26 April 1947.

▼ 油麻地廣東道，1947 年。人力三輪車旁有一家餐室。

Canton Road, Yau Ma Tei, 1947. A restaurant is next to the tricycle rickshaw.

▲ 由泄蘭街西望皇后大道中，1955 年。左方為友
邦行。正中可見加拿大餐室及京華飯店。

Queen's Road Central, looking west from
Zetland Street, 1955. American International
Tower is on the left. Canada Café and Capital
Restaurant are in the middle.

▼ 由畢打街東望皇后大道中，約 1960 年。正中為位
於同街 16 號、與泄蘭街交界的加拿大餐室。

Queen's Road Central, looking east from
Pedder Street, c. 1960. Canada Restaurant, at
the intersection of Queen's Road Central and
Zetland Street , is in the middle.

威士文餐廳的廣告，1956 年 7 月 30 日。

An advertisement of Café Wiseman, 30 July 1956.

由雪廠街西望德輔道中，約 1963 年。位於左方東亞銀行右邊的皇室行及連卡佛大廈開有大利連超級市場及美心餐廳。

Des Voeux Road Central, looking west from Ice House Street, c. 1963. Dairy Lane Supermarket and Maxim's Restaurant are located respectively at Windsor House and Lane Crawford House, both next to the Bank of East Asia.

位於北角英皇道與長康街交界的雲華大廈酒店與西餐廳的廣告，1957年2月9日。

An advertisement of Winner House Hotel and Restaurant, at the intersection of King's Road and Cheong Hong Street, North Point, 9 February 1957.

雲華大廈酒店，約1957年。其右方的小山崗於1958年被夷平以興建五洲大廈。

Winner House Hotel, c. 1957. The small hill on its right was levelled later to build Continental Mansion in 1958.

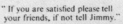

▲ 蘭度餐廳及占美餐廳的佳餚廣告，約 1958 年。

Advertisements of dishes by Landau's Restaurant and Jimmy's Kitchen, c. 1958.

▼ 位於軒尼詩道 523 號的金馬車大飯店的西餅券，約 1960 年。

Cake voucher of Golden Carriage Restaurant on 523 Hennessy Road, c. 1960.

▼ 希爾頓酒店咖啡室的明信片，約 1962 年。

Postcard of the Hong Kong Hilton Hotel coffee shop, c. 1962.

▲ 位於皇后戲院地庫的夏蕙餐廳夜總會的開幕典禮花牌，
1961 年。

Flower stand for the opening of Savoy Restaurant and
Night Club at the basement of Queen's Theatre, 1961.

▼ 山頂餐廳及「老襯亭」（觀景亭），約
1962 年。

Peak Restaurant and the Peak Tower,
c. 1962.

▲ 由旺角登打士街北望彌敦道，約 1965 年。右方
為愛皮西飯店的分店。

▼ 位於皇后大道中萬年大廈內、中式裝飾的美麗
邨西餐廳，約 1966 年。

Nathan Road, looking north from Dundas
Street, Mong Kok, c. 1965. ABC Restaurant is
on the right.

Village European Restaurant with Chinese
decoration in Manning House, on Queen's
Road Central, c. 1966.

▲ 位於銅鑼灣百德新街的恒隆
中心剛開業的首間麥當勞餐
廳，1975 年。

The first Mcdonald's
Restaurant in Hong Kong,
in Hang Lung Centre,
Paterson Street, Causeway
Bay, 1975.

◀ 位於干諾道西 17 號與東來
里交界，於 1952 年開業的
海安咖啡室，2002 年。

Hoi On Café, opened in
1952, on 17 Connaught
Road West, 2002.

▲ 位於土瓜灣道的白宮冰室，
2008 年。

Pak Kung Café on To Kwa
Wan Road, 2008.

第二十章 糖果、餅乾與麵包

一

1850 年代，一家位於灣仔皇后大道東與船街之間的裕昇店，供應麵包予大部分外籍人士。1857 年 1 月，包括港督寶靈（Sir John Bowring）的夫人在內的不少外籍人士，吃過該店的麵包後中毒。事後，該店結業，東主被拘。稍後，改由一家位於灣仔道的香港包餅店供應麵包。

約於 1865 年成立、位於皇后大道中近中環街市的南興隆辦館，出售包括餅乾等洋貨。

1880 年代初，有一家位於東區堅拿道一帶的連卡喇佛麵包房。

1891 年，正隆麵包餅店於威靈頓街 118 號創辦。

1901 年，一家位於嘉咸街 53 號的香港糖果公司，出售泰西（歐美）糖果。

1909 年，威士文麵包舖於皇后大道中 34 號（現娛樂行所在）開設。同年，亦有一家協和昌記麵包舖於威靈頓街 124 號開設。同一時期，亦有一家位於德輔道中 16 號、香港大酒店旁的亞力山大食物館，出售「滋補麵包」。

1910 年代，馬玉山茶樓亦製造糖果、餅乾和麵包。

SHOP OF THE CHINESE BAKER, ESING (ALUM), AT VICTORIA, HONG-KONG.

THE POISONINGS AT HONG-KONG.

our Journal of last week we gave a pretty full account of this atrocious affair, from the *Hong-Kong Register*. Two or three hundred people, altogether, had partaken of the poisoned bread, but no lives been lost.

you a Sketch of the house of Esing (properly called Alum) the baker who supplied the bread poisoned with arsenic from which so many people suffered in Hong-Kong, and who, with his father and eight of his workmen, are now on their trial for that crime. Also, a picture of Esing's examination

named Baptista, who is here thought a clever artist, and who was a pupil of Chinery."

Private letters from the Chinese Seas, received at Paris, state that Alum had been tried before

▲ 曾受毒麵包事件牽連、位於灣仔皇后大道東與船街（右）交界的裕昇
麵包店，1857 年。

Esing Bakery at the intersection of Queen's Road East and Ship Street (right), 1857. The bakery had been involved in a bread poisoning case.

▲ 灣仔船街，約 1925 年。正中仍可見 1857 年發生「毒麵包案」之裕昇麵包店所在的兩層高建築物。正中可見點心茶樓祿元居的招牌。

Ship Street, Wan Chai, c. 1925. The two-storey building where the bread poisoning case of Esing Bakery took place in 1857, can still be seen in the middle.

◀ 位於德輔道中 16 號、在香港酒店隔鄰的亞力山大食物館的麵包廣告，1911 年 6 月 14 日。

An advertisement of bread by Alexandra Bakery on 16 Des Voeux Road Central, next to Hong Kong Hotel, 14 June 1911.

▼ 位於皇后大道中 92 號的馬玉山糖果公司的廣告，1913 年 7 月 25 日。

An advertisement of M. Y. San Company, on 92 Queen's Road Central, 25 July 1913.

1924 年，安樂園出品手槍式、火車式及自由車式的玻璃樽糖果，每款售 2 毫。此種玻璃樽糖果於和平後仍然流行。

　　1925 年，日資的森永糖果餅乾店遷往皇后大道中 16 號亞細亞行地下經營。同年，有一家位於威靈頓街的惠華公司，供應包括「白帽蛋糕」等的各式西餅。

　　1927 年，德輔道西近皇后街的一景樓，出售 5 仙兩件的豆沙麵包。

　　1935 年，各辦館出售亞諾 (Arnott's) 牛奶藕粉餅乾。

　　1940 年，位於皇后大道東 53 號的玉山包餅公司，其出品是由馬玉山的師傅鄭森所製造。該店一直經營至 1970 年代。

　　淪陷時期，以杏仁餅最為流行。當時出售杏仁餅的有春記英、陳意齋、佛動心及振興等包餅店，和平後則有咀香園及杏桃園等。

　　老牌的正隆包餅店於威靈頓街 118 號永和雜貨店的東鄰營業，於和平後的 1946 年，增加了皇后大道中 37 號、德輔道中 101 號、灣仔大道東 43 號、西灣河大街及彌敦道 604 號多家分店。

▶ 位於德輔道中的安樂園（右）以及威靈頓街的惠華公司（左）的聖誕糖果和白帽蛋糕（西餅）廣告，1925 年 12 月 27 日。

Advertisements of Christmas candies by On Lok Yuen Limited (right), on Des Voeux Road Central and Christmas cakes by Wai Wah Company (left), on Wellington Street, 27 December 1925.

白帽疊糕

承接大小茶會

本公司特自採用上等材料製造各式西餅（白帽蛋糕）其味清香入口鬆滑花草之玲瓏工作之精巧猶其餘卆誠聖誕冬佈送禮無傷之作品諸君賜顧備極歡迎

總發行所在威靈頓街六十四號

支店德輔道中卄四號即新城多利

香港惠華有限公司謹啟

耶蘇聖誕。新年賀禮。往來交際之道也。然彼此送禮何必往川流第二要合自己荷包。左右想安樂園公司。各色物件美不勝數。應有盡有。冬色美物盒大號精美朱古力。電車路安樂園公司。望得費無幾。幫襯一毫。可送精美古力希。所物各色。送盒大號。香港安樂園有限公司啟

▼ 位於皇后大道中 24 號亞細亞行的森永糖果公司的糖果、餅乾廣告，1925 年 2 月 14 日。

An advertisement of candies and biscuit by Morinagai Company on 24 Queen's Road Central, 14 February 1925.

▼ 位於威靈頓街 93 號的合昌利餅店的生動白帽聖誕蛋糕廣告，1904 年 12 月 19 日。

An advertisement of Christmes cake with toys by Hop Cheong Lee Bakery, on 93 Wellington Street, 19 December 1904.

請試森永高等糖菓餅干

◀兼各種飲品▶

皇后大道中亞細亞行地下　電話總局四七二號

糖菓何處好。
森永第一家。
開設在香港。
名馳遍遐邇。
蒸者遷來此。
行名尤繁華。
裝飾非常偉。
佈置尤繁華。
五光兼十色。
餅乾朱咕哩。
著名四式餅。
斯菜敢獨誇。
不勝枚舉他。
欨色日翻花。
谷咕冷熱飲。
架啡與名茶。
招呼常週到。
價廉實可嘉。
誰謂予不信。
請君當試吓。

香港森永糖菓有限公司謹啟

生動白帽奇聞

泰西佳節最慶冬至屆日各行送禮品物以本號製造之牛動白帽蛋糕為至要至妙也間嘗諸君讚美歷經多年本年加意考察上等西式材料配味製香港汕頂火車輪罷不絕有慕樓閣宴飲對別開生面伏請諸君公眼歌傲如生動人物各自暢情有效電車馬車浮龍花卉傑生鳥獸水晶玩物欵出無窮離奇趣極真不愧歌傲取價從廉幸勿各玉蕭一新博物院也如蒙光顧駕臨試看眼界中又增此佈告光緒三十年十一月十三日

中環威靈頓街九十三號合昌利謹啟

啓者本號製造麵飽及各色餅乾精巧之妙久
已名聞中外今特抱熱誠自八月十五後一律
改用英國屬土所到之上等麵粉製造貨物非
敢空言抵制以誑請君也
光緒卅一年　七月廿一日
一中環威靈頓街正隆謹啓　　　十午旦一

▲ 位於威靈頓街 118 號的正隆餅店的麵包及餅
乾廣告，1905 年 8 月 21 日。

An advertisement of bread and biscuit
by Ching Lung Bakery, on 118 Wellington
Street, 21 August 1905.

▲ 位於皇后大道中 194 號的著名餅食店陳意齋，2008 年。

Chan Yee Jai, a famous snack shop in Hong Kong, on 194 Queen's Road
Central, 2008.

1947 年，馳名的甄沾記椰子糖，每磅售 2.5 元。同年 11 月 24
日，位於告羅士打行的告羅士打餅店開張。

1948 年，嘉頓公司出品糖果、餅乾、麵包和西餅。其工廠位
於青山道 2014 地段，總經理為張子芳。牛奶公司代售其出品。
1949 年，該公司出售包括藏寶箱、郵筒及雙層巴士等鐵盒包裝糖
果，大受歡迎。

1949 年，安樂園的出品有忌廉克力架、安樂梳打餅、雞蛋水
泡餅及曲奇餅。

1950 年，權記公司之領袖牌蝦片，以及一種吧島蝦片在市面
上及工展會銷售，同樣頗受歡迎。

1951 年，連卡佛麵包廠生產的麵包受到中上階層喜愛。連卡
佛當時亦經營肉類，曾與牛奶公司商討合併，但因估值未能達成協
議而放棄。

1957 年 9 月 24 日，德輔道中萬宜大廈的蘭香室茶餐廳開幕，
出售每元十個一盒的蛋撻，整天可見輪購人龍。

同年 12 月 19 日，位於彌敦道 188 號的車厘哥夫大飯店擴張
開幕，供應俄國大餐。地舖陳列數十款糖果和出爐麵包，整天皆聚
集了選購人羣。

1950 年代，各大士多亦出售名為「枕頭包」的長條狀車輪包，
每磅售 4 毫，並提供切片服務。搽上牛油及煉奶的車輪包或枕頭
包（方包），在當時的環境來說，是無以上之的佳品。

1950 年代，著名的包餅公司，有：紅棉、馬寶山、金門、太
平、振興、威利文、梁松記、祥利及泰山等。

當中主要集中於港島的紅棉有十多家分店，而集中於九龍的
金門共約有 30 家分店，標榜有 500 名員工。

安樂園的餅乾包裝紙皆印有聖經金句，如「天國近矣、汝當悔改」等。

約 1959 年，皇后大道中 36 號第一代興瑋大廈落成，在樓下開業的安樂園，在舖位臨街的一邊設置了一部自動熱狗製造機，在玻璃櫥窗內展示其製作過程，吸引不少人入內購買，每件 5 毫。其出品的提子包及牛油包等，味道亦不錯。

在其旁邊德己立街的新娛樂戲院大廈，於 1960 年代中有一家金獅餅店，所出售的包餅亦十分美味。

在金獅上端的業豐大廈，於 1960 年代中，開有一家 Whimpy 漢堡包店，相信是香港的始創。

▲ 位於九龍青山道的嘉頓公司的糖果、餅乾、麵包及西餅廣告，1954 年 12 月 14 日。

An advertisement of candies, biscuit, bread and cake by Garden Company on Castle Peak Road, Kowloon, 14 December 1954.

▶ 金門麵包公司的廣告，1961 年 9 月 1 日。

An advertisement of Golden Gate Food Factory and Bakery, 1 September 1961.

1950 至 60 年代，多間包餅店包括紅棉、金門、祥利、筵香、奇華。玉山、泰山、利記、中發、長發祥，以及多家冰室和茶餐廳，均會在舖前擺賣各款出爐麵包，餡料有蓮蓉、椰絲、忌廉、波蘿及奶油等，每個 1 毫。雞尾包則 1 毫半兩個，廣受市民尤其是學生歡迎。

當時的蛋撻及椰絲撻，每個售 2 毫；名為「花餅」的西式蛋糕，每件售 3 至 4 毫。一家位於皇后大道中 70 號中華百貨公司內的美蘭餐廳所出售的西式蛋糕，尤為上乘。

同時，ABC 愛皮西飯店及車厘哥夫所出售之「酒心朱古力」，均被視為送禮佳品。

▼ 巡遊隊伍經過彌敦道與旺角道交界，1953 年 6 月 3 日女皇加冕日。右方為 ABC 愛皮西飯店。

The Queen's Coronation parade passing through the intersection of Nathan Road and Mong Kok Road, 3 June 1953. ABC Restaurant is on the right.

▲ 位於彌敦道近登打士街的愛皮西飯店分店，約 1964 年。該店亦以糖果、西餅馳名。

A branch of ABC Restaurant on Nathan Road near Dundas Street, c. 1964. The restaurant is also famous for its candies and cake.

▼ 紅寶石餅店的禮餅券，1985 年

Cake coupon of Ruby Cake Shop, 1985.

第二十一章

醬園、罐頭與涼果

一

根據政府憲報統計，1870 年代後期，經營醬料製造者有 41 人。早於 1874 年，已有一家位於油麻地的調源醬園，製造醬料、豉油與涼果等，行銷往東南亞以至美國各埠。

而港督軒尼詩（Sir John Pope Hennessy）亦曾於當時參觀一家位於油麻地的醬園，其所製之「潔汁」（Ketchup，即茄汁）每年有數百桶寄往倫敦之名店，由彼等入樽及包裝，部分寄回香港出售，即「出口轉內銷」，但售價則提升不少矣。該等茄汁在英國發售時被譽為「墟市中第一美味」。

旺角（早期亦屬於油麻地）由於該區有多家醬油廠開設，其中的豉油街之命名，相信是大有關連。

19 世紀後期，已有英、美、法及「雜港」等地輸港的罐頭出售，包括釀腸及燒牛肉等多種。

20 世紀初，有一家位於荃灣的菠蘿廠就地取材，製造罐頭菠蘿。稍後，該廠遷往堅尼地城。

▶ 位於皇后大道中中環街市前的海味、雜貨店及醬園，約 1962 年。

Dried seafood shops, groceries and condiment shops on Queen's Road Central, in front of Central Market, c. 1962.

▼ 位於灣仔駱克道 229 號的老同興
醬園南貨號的廣告，1952 年 1 月
19 日。

An advertisement of Lo Tung
Hing Condiment Company, on
229 Lockhart Road, Wan Chai, 19
January 1952.

由 1910 年代起，多家醬料、蠔油、酒醋及罐頭的作坊及廠房在香港落成，包括同珍、美珍及附屬的九龍醬園、李錦記、余均益、八珍、冠益、東方及左顯記等機構。其中規模最大的是 1924 年由廈門遷往香港的淘化大同。上述機構生產的豉油、蠔油、辣椒醬、芥醬、涼果、罐頭及添丁甜醋等，一直為港人所欣賞的美味。

1920 年代，有罐頭臘鴨等出口銷往美加及南洋一帶。

1932 年，一家新德隆公司代理國產罐頭和豉油。同時，亦有來自美國的地捫（Del Mont）罐頭。

1939 年，罐頭行及糖薑行亦如南北行，為香港的主要行業。

同時，各大百貨公司亦銷售罐頭食品。用港幣 1 元，可購三文魚六罐、沙甸魚十罐、燒牛肉四罐或冬菇羊肉四罐。

1941 年，香港淪陷前後，耐於貯存的罐頭及鹹味成為搶手物資。

香港的糖薑業，始於 1850 年代。馬玉山飲食集團的出品連英皇喬治五世（King George V）亦喜愛。該行業的全盛期維持至 1950 年代，當時生產涼果及糖薑的知名廠號有淘化大同、香港、裕隆、同芳、北辰、任合興、十字頓、同益、王榮記及興亞等。除糖薑外，其他出品如陳皮梅、嘉應子、話梅、甘草欖及檸檬等，普遍受海內外人士歡迎。

和平後，各大醬油廠大量生產多款醬油、罐頭食品及醬料。每年工展會均會舉行減價促銷，引來大批市民搶購。

1950 年前後，不少來自中國內地的南貨號及醬園於香港開業，出售各種醬料、肉鬆、火腿、蛋類、酒醋以至大閘蟹等。

俟後，很多來自中國內地及外國（如歐美、日本等）的豉油、罐頭在香港銷售，本地產品受到一定的影響。

迄至 1960 年代末，內地罐頭如陳皮鴨、豆豉鯪魚、油炆筍、山東海螺、午餐肉及回鍋肉等，因價廉物美，廣受大眾歡迎。

當時，著名的醬園有：九龍、同益、品珍及羅三記等。酒醋行則有八珍及昌發。

▼ 位於銅鑼灣堅拿道的醬油罐頭雜貨店，1974 年。

A condiment and canned food grocery on Canal Road, Causeway Bay, 1974.

▼ 位於皇后大道中的上海三陽醬園南貨號及華豐燒臘，
1989 年。

Shanghai Sam Yeung Condiment and Grocery and
Wah Fung roasted and preserved meat shop on
Queen's Road Central, 1989.

參考資料

香港政府憲報 1874-1941 年

《循環日報》1874-1886 年

《華字日報》1895-1941 年

《星島日報》1938-1960 年

《華僑日報》1940-1946 年

《華僑日報》編印：《香港年鑑》1947-1960 年

《九龍地區料理業組合同人錄》1943 年

德成置業有限公司：《大漢全筵》「英京酒家精饌」

王韜著：《弢園老民自傳》（南京：江蘇人民出版社），1999 年

陳鏸勳著：《香港雜記》（香港：中華印務總局），1894 年

黎晉偉著：《香港百年史》（香港：南中編譯出版社），1948 年

鳴謝

何其銳先生　　　　　　　陸汝槐先生

佟寶銘先生　　　　　　　麥勵濃先生

吳貴龍先生　　　　　　　謝炳奎先生

張西門先生

許日彤先生　　　　　　　香港大學圖書館

陳卓堅先生　　　　　　　香港歷史博物館

陳創楚先生　　　　　　　德成置業有限公司